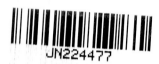

ドラマ仕立て

イギリス英語で会話したい

イギリスの生活と文化がすべてわかる!

ナディア・マケックニー 著

滝野沢友理・高橋由香理 訳

研究社

〔ドラマ仕立て〕イギリス英語で会話したい

イギリスの生活と文化がすべてわかる！

本書収録のストーリーはすべてフィクションであり、実在の人物・団体とはいっさい関係ありません。

The stories contained herein are works of fiction. Any resemblance to actual people, living or dead, or to actual events is purely coincidental.

PRINTED IN JAPAN

はじめに

本書をお手にとっていただき、誠にありがとうございます！

本書は『〔ドラマ仕立て〕イギリス英語のリスニング　楽しく学ぶ！ ロンドン暮らし 12 か月のストーリー』の第 2 弾です（第 1 弾同様、どちらも単独でお楽しみいただけます）。楽しくわかりやすく、イギリスの言葉と文化を読者の皆さんにお伝えしたいと思います。

本書『〔ドラマ仕立て〕イギリス英語で会話したい　イギリスの生活と文化がすべてわかる！』でも、ロンドンで暮らす元気いっぱいの若い女性ステラが、さまざまな友人たちとその家族（現代の異民族社会イギリスの実情を体現する人たちと言えるでしょう）とともに、日々の浮き沈みを力強く乗り越えていきます。本書を通じて新たな登場人物に出会い、新たな舞台を訪れながら、イギリス英語特有の表現を学びましょう。

物語の中で、ステラは（わたしたちと同じように）様々な困難に直面しますが、家族や友人に助けられてひとつずつ乗り越えていきます。36 のストーリー（各月３本）では、まず短い日記（Stella’s Diary）に目を通してもらい、ストーリー (Dialogue & Translation) を聴いて読んだあと、イギリスの日常生活でよく使われるキーワードやフレーズ（Words and Phrases）を学習しましょう。

そのほかイギリスの文化と言葉の様々な側面を掘り下げるエッセイ（Culture Note）も各所に織り交ぜました。イギリス英語とそのニュアンスへの理解を深める一助となれば幸いです。

イギリス人は自分たちのちょっと変わった単語や表現が大好きです。便利でおもしろいイギリス特有の語彙のほか、自然なコミュニケーションに役立つ頻出表現を学びましょう。特にイギリス特有の言い方には、マークを付けました。

英語による感情表現を学ぶ上で、各ストーリーのリーディング（読むこと）とリピーティング（繰り返し発話すること）をおすすめします。これによって本書にある表現や語彙が自然に覚えられます。各ストーリーの音声はイギリスの標準発音（容認発音、Received Pronunciation〔RP〕）による自然なスピードで録音しましたので、リスニングやスピーキングの練習に最適です。リーディングでもリスニングでも、はじめから全部理解できなくても大丈夫です。英語学習はパズルを組み立てるのに似ていて、最初に全体像をとらえる必要はありません。各単語や各フレーズが１つひとつのピースとなり、理解を手助けしてくれます。全体像はまだ見えなくても、まずは１つひとつのピースをよく見てみましょう。

最後になりましたが、本書にご尽力いただいたすべての方にお礼を申し上げます。研究社の編集者の金子靖さんをはじめ、翻訳者の滝野沢友理さんと高橋由香理さん、イラストレーターの森野七緒子さん、音声の吹き込みを担当してくれたGuy Perrymanさん、Emma Howardさん、Michael Reysさん、Lynne Hobdayさん、適切なアドバイスやフィードバックをくれたイギリスの大切な家族に、心から謝意を表します。

本書を楽しんでいただけますことを願っています。そして皆さんの英語学習の旅が実り多いものとなりますように。

2025年２月

ナディア・マケックニー（Nadia McKechnie）

目　次

本書の使い方

ロンドンに住む女性ステラの 12 か月を描いた、全 36 本のダイアローグストーリーです。

ダウンロード音声のトラック番号です。

Scene 1
January Part 1

TRACK 1 2 3

大みそかのパーティ

A Party on New Year's Eve

ステラはミゲルの家で開かれたパーティに参加している。

各シーンを一言で説明しています。

Stella's Diary
January 1st

ステラの日記です。この日、これから始まることが書かれています。

I went to a party at Miguel and Brian's last night. It's been a difficult last few months, but it was really good to catch up with old friends. I woke up today feeling really optimistic about the future. A new year, a new start! Onwards and upwards!...

昨晩、ミゲルとブライアンの家で開かれたパーティに行ってきた。ここ数か月大変だったけれど、久しぶりに昔の友人たちと会えてほんとにうれしかった。今朝目覚めたとき、未来に対してすごく前向きな気持ちになれた。新しい年、新しいスタート！　これからどんどん良くなっていくはず！…

2

ダイアローグをまず音声で聞いて、そのあと目でご確認ください。

Scene 1 ダイアローグと訳　Dialogue & Translation

(The previous evening, Stella is at a party…)

Helen: Hello, Stella. It's so nice to see you. I haven't seen you in yonks!

Stella: Hi, Helen. Lovely to see you too. It's been way too long… You look absolutely fabulous. I love your dress.

Helen: Thank you. You too. I like your er... jeans.

Stella: So, how's everything going?

Helen: Great, thanks. Actually, I have some news... Mike and I are getting married! He popped the question on Christmas Eve.

Stella: Helen, that's fantas

日本語訳はダイアローグを聞いて、読んだ後、ご確認ください。

(昨晩、ステラはパーティに参加している…)

ヘレン: こんにちは、ステラ。会えてよかった。本当に久しぶりだよね！

ステラ: こんにちは、ヘレン。わたしも会えてうれしい。ずいぶん会ってなかったね…ヘレン、すごくかわいい。そのワンピースすてき。

ヘレン: ありがとう。ステラも。その…ジーンズいいね。

ステラ: で、元気にしてた？

ヘレン: ええ、おかげさまで。実はね、お知らせなんだけど…マイクと結婚することになったの！　クリスマスイブにプロポーズされた。

ステラ: ヘレン、それはすばらしいお知らせだわ！　わたしもとてもうれしい。もう日取りは決まったの？

ヘレン: まだ。新しいフラットを先に探すつもり。それで思い出したんだけど。ステラはまだスティーヴとあのチジックのすてきな庭付きフラットに住んでいるの？　不動産業者の名前を聞きたかったんだけど…

ステラ: それが、もう…（笑いながら）実はわたしたち、2か月前に別れて…今はヘザーとジェイクのところにいるの…

(ミゲルがスプーンでグラスを叩く)

ミゲル: もうすぐ夜中の12時だ！　フィズのグラスほしい人いる？

ステラ: ありがとう、ミゲル。

全員: 10, 9, 8, 7, 6, 5, 4, 3, 2, 1…

(真夜中のビッグベンのチャイム)

全員: 新年おめでとう！…「旧友は忘れられ」…

ミゲル: ステラ、前向きにがんばって！

4

Scene 1 重要表現 Words & Phrases

▶ yonks　ずいぶん長い間

イギリス俗語。for / in yonks の形でよく使われます。

例文 I haven't seen you in **yonks**! How have you been?
ずいぶん会ってなかったね！ 元気だった？
It feels like **yonks** since I had a proper holiday.
きちんと休んでからだいぶ経っている気がする。

▶ **Lovely to see you!**　あなたに会えてうれしい！

It's been absolutely lovely. という言い方もします。

▶ **fabulous**　すばらしい、すてきな

例文 We had a **fabulous** time in Scotland.
スコットランドですばらしい時間をすごした。

▶ **How's everything going?**　調子はどう？

▶ **get married**　結婚する

marry よりもこの形で使われることが多いです。

例文 They **got married** in a registry [register] office.
登記所結婚にした。

* registry [register] office: イギリスの戸籍役場、登記所。
get married in [at] a registry office で、(宗教的儀式をしない) 登記所結婚。

▶ **pop the question**　結婚を申し込む、プロポーズする

例文 I wonder if Henry is going to **pop the question** soon?
ヘンリーはすぐに求婚するんじゃないかな。

▶ **fantastic**　すばらしい、すてきな

イギリスでは口語表現でよく使われます。

例文 We had a **fantastic** time at the concert.
そのコンサートはすばらしかった。

▶ **set a / the date**　結婚（式）の日取りを決める

例文 When are you two going to **set the date**?
あなたたち、いつ結婚式の日取りを決めるの？

5

ダイアローグに出てくる重要表現を説明しています。例文もご確認ください。イギリス特有の表現には を付けました。

本文に出てきた表現で、イギリス英語とイギリス文化に関連することをくわしくまとめました。

Scene 1 Culture Note

Compliments　褒め言葉

褒め言葉（**compliment**）を口にすると、効果的に会話を促すことができます。イギリスで褒め言葉は（誠実で、過度に個人的でないのであれば）広く好意的に受け止められます。イギリス人は褒め言葉にはさまざまな形で反応します。

1. 褒め言葉を受け止める

A: This pie is amazing. You're such a good cook.
このパイ、おいしいわ。あなたは本当に料理がお上手ね。

B: Thank you. That's very kind / sweet / good / nice of you to say that.

音声ダウンロードについて

研究社のウェブサイト（www.kenkyusha.co.jp）から無料でご利用いただけます。以下の手順でダウンロードしてください。

❶ 研究社ウェブサイトのトップページにある「音声・資料ダウンロード」などから、「〔ドラマ仕立て〕イギリス英語で会話したい イギリスの生活と文化がすべてわかる！」の詳細ページに入ってください。

❷「〔ドラマ仕立て〕イギリス英語で会話したい イギリスの生活と文化がすべてわかる！」の詳細ページにある《音声のダウンロードはこちらから（パスワードあり）》をクリックして、以下のユーザー名とパスワードを入力してください。

ユーザー名 guest
パスワード BritishEnglish2025

❸ ログインボタンを押すと、フォルダーおよびファイルのダウンロードが始まります。ダウンロード完了後、解凍してご利用ください。

発音について

通常、イギリス英語の発音というときは、RP（Received Pronunciation ＝容認発音）と呼ばれる、比較的はっきりとした発音の英語を指します。これは王室の人びとや BBC のアナウンサー、ドラマに出演する俳優たちの多くが使う発音です。

RP の発音は多くの点でアメリカ英語の発音とは異なっています。いくつか例を挙げてみましょう。

まず強勢の位置が異なる場合。adult はアメリカ英語では /ədʌ́lt/ と発音されますが、イギリス英語では /ǽdʌlt/ となります。強勢の位置が異なるので、若干違って聞こえます。

母音の発音も異なります。bath はアメリカ英語では /bǽð/ ですが、イギリス英語では /bɑ́ːð/ となります。got はアメリカ英語では /gɑ́t/ ですが、イギリス英語では /gɔ́t/ です。

ほかに注意すべき違いは単語の末尾の /r/ の音です。アメリカ英語では /r/ の音は舌を巻き気味に発音されるので mother は /mʌ́ðɚ/ となりますが、イギリス英語ではそこまで /r/ が強く発音されず、/mʌ́ðə/ となります。

イギリス英語には多くの魅力的な訛りがありますが、本書で使われているのは基本的に RP です。その中に、Estuary（河口域英語）という、本書のストーリーの舞台であるロンドンやイングランド南部でもっともよく聞かれる発音も混じっています。Estuary とは Thames Estuary（テムズ川河口域）に由来し、ロンドンやイングランド南部にこの 30 年ほどで定着した発音です。ロンドンの労働者階級の伝統的な訛りである Cockney（コックニー）と RP の特徴をあわせ持った英語の発音です。

Estuary が RP と異なっているのは次のような点です。

going to が gonna のように縮めた言い方がされるほか、-ing /ɪŋ/ で終わる語は -in /ɪn/ のように発音されます。/h/ の音がしばしば落ちるので、have

は /əv/ のように聞こえます。th /θ/ の音は /f/ のように発音されますから think は fink /fíŋk/ のように、thing は /fíŋ/ のように聞こえます。u /júː/ の発音が /uː/ となり、tube は /túːb/ と聞こえることがあります。

ロンドンやイングランド南部の多くのイギリス人は、話す相手や状況に応じて Estuary にバリエーションを加えることもあります！

英語のネイティヴスピーカーではない日本人の英語学習者の皆さんには、まず RP を習得することをお勧めします。この本のナレーションをしている人たちの英語は、皆さんの英語学習に最適です。

英語のリスニングの力をつける上で発音の違いに敏感なのはよいことですが、イギリスにはきわめて多様な文化が入り混じっています。イギリス人は外国語として英語を話す人たちと日々接していますし、あらゆる訛りにも慣れています。ですから、日本人の皆さんがイギリスを訪れる際には、ご自分の発音を必要以上に気にする必要はなく、どうか自信を持って英語で現地の人たちとコミュニケーションをはかっていただけますことを、最後にお願いいたします。

登場人物紹介

ステラ・スミス（Stella Smith）：29歳。ロンドン出身。ＰＲとマーケティングのスペシャリスト。趣味は映画・音楽鑑賞、ファッション。動物好き。友人とのおしゃべりによく花を咲かせている。

以下は登場順。

ヘレン・フレンチ（Helen French）：28歳。ステラの元同僚。スペインのマラガ出身。ＰＲコーディネーター。趣味は服のデザインと製作。

ミゲル・ガルシア（Miguel Garcia）：32歳。ステラの同僚。ロンドン出身。ＰＲスペシャリスト。ブライアンと同性婚。趣味はトライアスロンとインテリア。

トム・ゼーン（Tom Zane）：27歳。ステラの新しいフラットメイト。イギリス南部のサリー出身。映画館のマネージャー。趣味は映画鑑賞とDIY。

マックス（Max）：2歳。ロンドン生まれ。サムが最近保護施設から引き取ったばかりで、まだ突然走り出してしまうこともある。

サム・ハリス（Sam Harris）：29歳。ステラの気になる人。アメリカ生まれ、ロンドン育ち。音楽プロモーター。愛犬家で、趣味は音楽とドライブ。

ジェーン・アーチャー（Jane Archer）：43歳。ステラの上司。イギリス南部のブライトン出まれ。ＰＲ会社経営。趣味はサルサと旅行。

レニュー・パテル（Renu Patel）：25歳。ステラの同僚。ロンドン出身。PRアシスタント。パーティ好きで、趣味はロッククライミング。

ミスター・ティンクルス（Mr Tinkles）：どこで生まれたかは不明。数年前にトムの家の玄関先に現れた野良猫。強がっているが、実はとてもおだやか。家具を引っかいたり、おやつを食べたりするのが好き。

アナ・トンプソン（Anna Thompson）：59歳。ステラの母親。イギリス中南部オックスフォードの生まれ。ソーシャルワーカー。趣味は読書と園芸。

ジェームズ・グリーン（James Green）：82歳。ステラの祖父。オックスフォードの生まれ。文具会社を経営していたが、すでに引退している。妻とは死別。趣味はクリケット、ゴルフ、社交ダンス。

ヘザー・マクリーン(Heather McClean)：31歳。ステラの親友。ロンドン出身。バリスタ。ジェイクと結婚している。猫好きで、趣味は料理とレストラン巡り。

ジェイク・ジャーマン（Jake Jarman）：31歳。ステラの友達。ステラの親友ヘザーの夫。ロンドン出身。カフェを経営。趣味は料理、サッカー、音楽。

メイシー・ハリス（Maisy Harris）：22歳。サムの妹。生まれはアメリカ、ロサンゼルスだが、ロンドンで育つ。学生。ミュージカルと踊ることが好き。

サミュエル・ダニエル・トンプソン＝オカダ（Samuel Daniel Thompson-Okada)：通称ダン(Dan)。40歳。ステラの兄（ステラの母の再婚相手デーヴィッドの息子）。イギリス北部ニューカースル生まれ。英語教師。趣味はボードゲームとハイキング。

ミカ・トンプソン＝オカダ（Mika Thompson-Okada）：38歳。ステラの義理の姉。横浜出身。歯科医。趣味はヨガとピラティス。

アミ・トンプソン＝オカダ（Ami Thompson-Okada）：11歳。ダンとミカの娘。東京生まれ。趣味はアニメとビデオゲーム、得意科目は科学。

マイ・トンプソン＝オカダ(Mai Thompson-Okada)：9歳。ダンとミカの娘。東京生まれ。図画工作とテレビが好き。

エーヴァ・ジャーマンとアーチー・ジャーマン（Ava and Archie Jarman）：2歳。ヘザーとジェイクの双子の娘。エーヴァは動物好きで、アーチーは絵本が好き。2人の共通の趣味は外で遊ぶこと。

Scene 1
January Part 1

TRACK 1 2 3

大みそかのパーティ
A Party on New Year's Eve

ステラはミゲルの家で開かれたパーティに参加している。

Stella's Diary
>> January 1st

I went to a party at Miguel and Brian's last night. It's been a difficult last few months, but it was really good to catch up with old friends. I woke up today feeling really optimistic about the future. A new year, a new start! Onwards and upwards!...

昨晩、ミゲルとブライアンの家で開かれたパーティに行ってきた。ここ数か月大変だったけれど、久しぶりに昔の友人たちと会えてほんとにうれしかった。今朝目覚めたとき、未来に対してすごく前向きな気持ちになれた。新しい年、新しいスタート！　これからどんどん良くなっていくはず！…

Scene 1 ダイアローグと訳 Dialogue & Translation

(The previous evening, Stella is at a party…)

Helen: Hello, Stella. It's so nice to see you. I haven't seen you in yonks!

Stella: Hi, Helen. Lovely to see you too. It's been way too long… You look absolutely fabulous. I love your dress.

Helen: Thank you. You too. I like your er... jeans.

Stella: So, how's everything going?

Helen: Great, thanks. Actually, I have some news... Mike and I are getting married! He popped the question on Christmas Eve.

Stella: Helen, that's fantastic news! I'm so happy for you. Have you set a date yet?

Helen: No, we're going to look for a new flat first. That reminds me. Are you and Steve still living in that lovely garden flat in Chiswick? I wanted to ask the name of your estate agent...

Stella: Er, no… *(laughs)* Actually, we broke up a couple of months ago… I'm staying with Heather and Jake at the moment…

(Miguel taps a glass with a spoon)

Miguel: It's almost midnight! Does anyone need a glass of fizz?

Stella: Thanks, Miguel.

Everyone: 10, 9, 8, 7, 6, 5, 4, 3, 2, 1…

(Big Ben chimes midnight)

Everyone: Happy New Year!... 'Lest auld acquaintance be forgot…'

Miguel: Onwards and upwards, Stella!

(先日の夜、ステラはパーティに参加している…)

ヘレン: こんにちは、ステラ。あなたに会えてうれしい。本当に久しぶりだよね！

ステラ: こんにちは、ヘレン。わたしも会えてうれしい。ずいぶん会ってなかったね…ヘレン、すごくかわいい。そのワンピースすてき。

ヘレン: ありがとう。ステラも。その…ジーンズいいね。

ステラ: で、元気にしてた？

ヘレン: ええ、おかげさまで。実はね、お知らせなんだけど…マイクと結婚することになったの！　クリスマスイブにプロポーズされた。

ステラ: ヘレン、それはすばらしいお知らせだわ！　わたしもとてもうれしい。もう日取りは決まったの？

ヘレン: まだ。新しいフラットを先に探すつもり。それで思い出したんだけど。ステラはまだスティーヴとあのチジックのすてきな庭付きフラットに住んでいるの？　不動産業者の名前を聞きたかったんだけど…

ステラ: それが、もう…(笑いながら)実はわたしたち、2か月前に別れて…今はヘザーとジェイクのところにいるの…

(ミゲルがスプーンでグラスを叩く)

ミゲル: もうすぐ夜中の12時だ！　フィズのグラスほしい人いる？

ステラ: ありがとう、ミゲル。

全員: 10, 9, 8, 7, 6, 5, 4, 3, 2, 1…

(真夜中のビッグベンのチャイム)

全員: 新年おめでとう！…「旧友は忘れられ」…

ミゲル: ステラ、前向きにがんばって！

Scene 1 重要表現 Words & Phrases

▶ yonks ずいぶん長い間

イギリスの俗語。for / in yonks の形でよく使われます。

例文 I haven't seen you in **yonks**! How have you been?
ずいぶん会ってなかったね！ 元気だった？

It feels like **yonks** since I had a proper holiday.
きちんと休んでからだいぶ経っている気がする。

▶ Lovely to see you! あなたに会えてうれしい！

It's been absolutely lovely.（すごくうれしかった）という言い方もします。

▶ fabulous すばらしい、すてきな

例文 We had a **fabulous** time in Scotland.
スコットランドですばらしい時間をすごした。

▶ How's everything going? 調子はどう？

▶ get married 結婚する

marry よりもこの形で使われることが多いです。

例文 They **got married** in a registry [register] office.
登記所結婚にした。

＊ registry [register] office: イギリスの戸籍役場、登記所。
get married in [at] a registry office で、（宗教的儀式をしない）登記所結婚。

▶ pop the question 結婚を申し込む、プロポーズする

例文 I wonder if Henry is going to **pop the question** soon?
ヘンリーはすぐに求婚するんじゃないかな。

▶ fantastic すばらしい、すてきな

イギリスでは口語表現でよく使われます。

例文 We had a **fantastic** time at the concert.
そのコンサートはすばらしかった。

▶ set the [a] date 結婚（式）の日取りを決める

例文 When are you two going to **set the date**?

あなたたち、いつ結婚式の日取りを決めるの？

▶ **flat**　**フラット、マンション、アパート**

▶ **garden flat**　**庭付きフラット**

▶ **Chiswick**　**ロンドン西部の緑あふれる高級住宅街**

▶ **I wanted to ask ～**　**おたずねしたいのですが～**

Can I ask ...? の丁寧な表現としてイギリスではよく使われます。

例文 **I wanted to ask** if you were free next Saturday?

今度の土曜日は空いているかしら？

＊ want などの願望・思考を表す動詞を過去形にすると、現在の要求ではないという「距離感」が生まれ、厚かましさを避けた丁寧な表現になります。

▶ **estate agent**　**不動産業者**

例文 I called my **estate agent**.

わたしの不動産業者に電話した。

▶ **break up**　**別れる**

split up とも言います。

▶ **midnight**　**夜中の 12 時**

Scene 1 Culture Note

Compliments　褒め言葉

褒め言葉（**compliment**）を口にすると、効果的に会話を促すことができます。イギリスで褒め言葉は（誠実で、過度に個人的でないのであれば）広く好意的に受け止められます。イギリス人は褒め言葉にはさまざまな形で反応します。

1. 褒め言葉を受け止める

A: This pie is amazing. You're such a good cook.

このパイ、おいしいわ。あなたは本当に料理がお上手ね。

B: Thank you. That's very kind / sweet / good / nice of you to say that.

ありがとう。そう言ってもらえるとすごくうれしい。

2. 褒め言葉を返す

A: Nice trainers! Are they new?

そのスニーカー、すごくカッコいいね！　新しいの？

B: Thanks. I really like yours too. / Thanks. But they're not as nice as yours.

ありがとう。あなたのもとてもいいね。／ありがとう。でも、あなたのものほどじゃないわ。

trainers: スニーカー、運動靴。通例複数形で使われます。

3. 冗談を言う

A: Is that a new frock? You have such good taste.

それ、新しいワンピース？　あなた、本当にセンスがいいね。

B: What are you after? / Flattery will get you nowhere. / Do you want to borrow some money or something?

何かほしいの？／お世辞を言ったって何も出ないよ。／
お金か何か借りたいの？
(状況によっては使い方に注意したほうがよいです)

frock: ワンピース

4. 褒め言葉に驚く

A: I love your jacket!

あなたのジャケット、いいわね！

B: Oh, this old thing? I've had it for years. / This? I picked it for a couple of quid down the market.

え、こんなに古いのに？　もう何年も前から着てるよ。／これが？　フリマで数ポンドで手に入れたのよ。

quid: (英貨) 1 ポンド

自虐的な言い方

A: I really enjoyed your article in the tech journal.

あの科学技術雑誌のあなたの記事、本当によかったわ。

B: Thanks. I guess all those years of playing video games finally paid off.

ありがとう。何年もビデオゲームをやってきてようやく報われたかも。

Scene 2
January Part 2

TRACK 4 5 6

新年の抱負
New Year's Resolutions

ステラはミゲルと食事をしている。

Stella's Diary
January 10th

I had dinner with Miguel after work this evening. We got talking about our New Year's resolutions. My first goal this year is to find a place to live — I can't just sleep on Heather's sofa forever! But it's not easy…

今晩、仕事を終えてからミゲルと食事をした。新年の抱負について話した。わたしの今年の最初の目標は、住む場所を見つけること。いつまでもヘザーのソファで寝るわけにはいかない！　でも、簡単じゃない…

Scene 2 ダイアローグと訳 Dialogue & Translation

(Earlier that evening, Stella and Miguel are in a café...)

Stella: Um, excuse me, what's the Veganuary special dessert?

Server: Sticky toffee pudding.

Stella: Oh, my favourite. I'll have one of those, please.

Server: OK. That'll be one sticky toffee pudding. Anything else?

Miguel: Just some water for the table, please.

Server: Coming right up.

Stella: It's not like you to turn down pudding, Miguel…

Miguel: I know, but my New Year's resolution is to cut down on the sweet stuff. I must have put on about a stone over Christmas... I'll have to get back down to the gym.

Stella: I'm sure that's not true, but I know what you mean. Those Christmas selection boxes are lethal.

Miguel: Did you make any New Year's resolutions this year, Stella?

Stella: Not really. My only New Year's resolution is to find a place to live. Honestly, if I had a pound for every crummy bedsit I've looked at in the last fortnight… Oh, sorry. I'm whingeing again.

Miguel: No, I understand… The housing situation in London is pretty grim these days. But try not to worry. I'm sure something will turn up soon.

（その晩、少し前にステラとミゲルはカフェにいる…）

ステラ: あの、すみませんが、ヴィーガン月間特別メニューのデザートはなんですか？

店員: スティッキー・トフィー・プディングです。

ステラ: あら、わたしの大好物。それひとつください。

店員: かしこまりました。スティッキー・トフィー・プディングひとつですね。ほかには?

ミゲル: お水だけください。

店員: ただ今お持ちいたします。

ステラ: デザートを頼まないなんて珍しいわね、ミゲル…

ミゲル: うん、でも甘いものを控えるっていうのが新年の抱負なんだ。クリスマスで1ストーンくらい太っちゃって…またジムに行かなくちゃ。

ステラ: それ、ほんとじゃないでしょうけど、わかる。あのクリスマスセレクションボックスは危険だよね。

ミゲル: ステラは今年、新年の抱負は立てた?

ステラ: 別に立ててない。唯一の抱負と言えば、住むところを探すことくらい。正直に言うと、この2週間で見てきたワンルームが本当にひどくて、1か所につき1ポンドほしいくらい…あ、ごめん。またグチっちゃった。

ミゲル: いや、わかるよ…最近のロンドンの住宅事情はかなりひどいよね。でも心配しなくていいと思う。すぐにどこか出てくるから。

Scene 2 重要表現 Words & Phrases

▶ Veganuary ヴィガニュアリー

1月に行われる植物性食品のみを摂取することを推奨するキャンペーン。2014年イギリス発祥。

▶ That'll be a... それは〜です、〜ですね

注文を確認する際に用いられる表現。

例文 **Customer:** *(Pointing to an item on the menu)* Um, this looks good.

客：（メニューの中のひとつを指して）これがいいかも。

Server : Okay, so **that'll be a** rhubarb crumble, will it?

店員： かしこまりました。ルバーブクランブルですね？

rhubarb crumble：ルバーブクランブル。伝統的なイギリスのデザート。rhubarb は食用の大黄。葉軸《ようじく》が食べられる。crumble は果物を煮て小麦粉や砂糖などを練りあわせたもの。

▶ **Sticky toffee pudding**　**スティッキー・トフィー・プディング**

しっとりしたスポンジケーキを土台とするイギリスのデザート。

▶ **Just some water for the table, please.**　**お水を持ってきてください。**

イギリスのレストランで水を頼むときによく使われます。

▶ **turn down**　**～を断る**

▶ **pudding**　**デザート**

イギリスでは pudding, afters, sweet などの表現も使われます。

▶ **New Year's resolution**　**新年の抱負**

▶ **cut down on**　**～を減らす**

健康増進のために特定の飲食物の摂取を減らすときなどに使われます。

例文 **A:** Would you like a coffee?

コーヒーはいかがですか？

B: Do you have decaf by any chance? I'm trying to **cut down on** caffeine.

カフェイン抜きはありますか？　カフェインを控えています。

▶ **I must have…**　**（わたしは）～したようだ**

例文 **I must have** left my brolly on the train.

傘を電車の中に忘れたようだ。

brolly: 傘。umbrellaの短縮形でイギリス英語でよく使われます。

▶ **put on**　**（体重が）増える**

例文 Instead of losing weight I seem to keep **putting** it **on**!
体重が減るどころか、ずっと増えてるみたい！

▶ **(a) stone　重さを表す単位。1 stoneは6.35kg。**

▶ **get back down to the gym　またジムに通いはじめる**
アメリカ英語では、get back down the gym がよく使われます。
down (to) the はイギリス英語でよく使われる言い方。
例文 I went **down the** pub / market / shops.
パブ／マーケット／店に行った。
Let's take the dog **down the** park.
あの公園にこの犬を連れて行こう。

▶ **I know what you mean.　わかります。**

▶ **(Christmas) selection boxes**
様々な種類のチョコレートバーが詰め合わされている箱で、イギリスではクリスマスのプレゼントとしてよく贈られます。

▶ **lethal　危険な、抵抗しがたい**

▶ **Not really　Noのややあいまいな表現**

▶ **find a place to live　住む場所を探す**
look for / search for a place to live とも言います。

▶ **if I had a pound for every...　～するごとに1ポンドもらえるなら**
ややユーモアを込めて使われます。

▶ **whinge　ぐちをこぼす**
イギリス英語でよく使われます。 名詞（ぐち）も同形。
例文 John never stops **whingeing** about the weather!
ジョンはいつも天気のことでぐちをこぼしている！
The staff had a bit of a **whinge** about the new uniforms.
その店員は新しい制服に少しぐちをこぼした。

Scene 2 Culture Note

ヴィガニュアリー

1月にイギリスで 大通（**high street**）を歩いてスーパーやレストランに入ったりテレビ（**telly**）をつけたりすると、Veganuary 料理や Veganuary 製品の広告（**advert**）を見かけることがあります。しかし、Veganuary（ヴィガニュアリー）とは正確には何でしょうか？

Veganuary は Vegan（ヴィーガン）と January（1月）をかけあわせた言葉で、イギリスで新年に行われるキャンペーン／挑戦として大きな注目を集めています。

2014 年にイギリスの夫婦がはじめた Veganuary は、1月のあいだは planet-friendly, plant-based（地球にやさしい植物由来の食べ物、ヴィーガンフード）を食べることを推奨しています。

多くの人が新たなはじまりを迎えようとする1月はタイミングとしてふさわしく、さらに動物福祉（**animal welfare**）や、地球沸騰化（**global boiling**）、個人と社会全体の健康（**personal & public health**）への関心がZ世代を中心に高まるなかで、Veganuary は現在 228 の国と地域に広がっています。

Scene 3
January Part 3

TRACK 7 8 9

部屋探し：電話が２件
Flat Hunting: Two Phone Calls

数日後、ステラが歩いて帰宅しているときにスマートフォンが鳴る。

Stella's Diary
>> January 30th

I went to see another flat tonight, but it was way too expensive. I was feeling a bit down. But then, on the way home, I got a call from Miguel. It looks like things might be looking up...

今晩はまた別のフラットの見学に行ったけど、家賃が高すぎ。ちょっとがっかり。でも家に帰る途中、ミゲルから電話がかかってきた。いい方向に進みそうな予感…

Scene 3 ダイアローグと訳 Dialogue & Translation

(Earlier that evening, Stella is walking home...)

Stella: Hi, Miguel.

Miguel: Hi, Stella, can you talk right now?

Stella: Sure. What's up?

Miguel: Listen, I just ran into my mate, Tom, in the gym. I think you might have met him before — medium height, brown hair...

Stella: ...Doesn't really ring a bell…

Miguel: Well, anyway, he mentioned his flatmate's moving out next month. I told him about you, and he said to give him a ring if you're interested in the room.

Stella: Wow, thanks, Miguel.

Miguel: No worries. Happy to help. But I would give him a bell as soon as possible — The flat's in a really desirable area, so it's bound to go quickly. I'm just texting you his number…

(Stella calls Tom)

Tom: Hello.

Stella: Hi, is that Tom? My name's Stella. I'm a friend of Miguel's… I'm calling about the room. Is it still available by any chance?

（その晩、少し前にステラは家に向かって歩いている…）

ステラ: もしもし、ミゲル。

ミゲル: もしもし、ステラ。今、話せる？

ステラ: ええ。どうしたの？

ミゲル: あのさ、ちょうどジムで友達のトムに偶然会ったんだ。ステラも前に会ったことあるんじゃないかと思うんだけど…中背で髪が茶色くて…

ステラ: …ちょっとピンとこないんだけど…

ミゲル: ええっと、ともあれ、トムのフラットメイトが来月出ていくって言っててさ。君の話をしたら、その部屋に興味があるなら電話してって。

ステラ: うわー、ありがとう、ミゲル。

ミゲル: いえいえ。お役に立てれば何より。でも、できるだけ早く電話した方がよさそうだよ。そのフラットってかなり立地がいいから、きっとすぐに決まっちゃいそう。今メッセージでトムの電話番号を送るね…

（ステラがトムに電話をかける）

トム: もしもし。

ステラ: もしもし、トムですか？　ステラと申します。ミゲルの友人で…お部屋のことでお電話しました。もしかして、まだ空いてますか？

Scene 3 重要表現 Words & Phrases

▶**Can you talk?**　**お話しできますか？**

例文 **Can you talk?** It's really important.

今話せる？　とても大事なことよ。

＊ Is now a good time to talk?　という言い方もします。

▶**What's up?**　**どうしたの？　何があった？**

▶**run into…**　**～に偶然会う**

▶**might have…**　**～したかもしれない**

例文 I think I **might have** left my mobile in the café.

カフェにスマホを置いてきてしまったかもしれない。

▶**ring a bell**　**（名前などが）聞き覚えがある、ピンとくる**

例文 Her full name is Penny Smith. Does that **ring a bell**?
彼女の名前はペニー・スミス。聞き覚えがある？

▶**move out**　**引っ越して出ていく**

▶**(He) say(s) to…**　**～と言う、～するように言う**

例文 She **said to** save her some food.
わたしに少し食べ物を残しておいて、と彼女は言った。

▶**No worries.**　**いいですよ、大丈夫ですよ。**

▶**Happy to help.**　**お役に立ててうれしい。**
I'm happy I can / could help you.（お手伝いできてうれしい）の省略形。

▶**give someone a bell**　**～に電話する**

例文 I'm a bit busy right now. Can I **give you a bell** later?
いまちょっと手が離せない。あとで電話してもいい？

▶**(a) desirable area**　**人気のエリア**

▶**bound to…**　**きっと～するはずだ**

▶**go quickly**　**早く売り切れる**

▶**I'm calling about…**　**～の件でお電話しています**

例文 **I'm calling about** the flat (you have for rent).
そちらの（賃貸）フラットについて電話しています。

▶**available**　**空いている**

例文 Are you **available** next Tuesday evening?
次の火曜日の夜、空いてますか？

▶**by any chance**　**ひょっとしたら、もしかして**

例文 Would you **by any chance** know where the nearest tube station is?
もしかしたら最寄りの地下鉄駅がどこにあるかご存じですか？
tube は「地下鉄」（アメリカでは subway）。

Scene 3 Culture Note

イギリスの電話表現

イギリスで電話をかける際に使える、典型的なイギリス英語の言い回しはたくさんあります(少し古風なものもありますが、まだ一般的に使われています)。

1. give someone a bell / a buzz　誰かに電話をかける

I'll **give you a bell / a buzz** tonight.

今夜、電話するね。

2. give someone a ring / ring someone　誰かに電話をかける

Can you **give me a ring** later?

あとで電話してくれる?

Can you **ring my mobile** for me? I can't find it anywhere.

わたしのスマホに電話してくれる? どこにも見つからないの。

3. give someone a tinkle　誰かに電話をかける(古い言い方)

I'll **give you a tinkle** next week.

来週、電話するね。

4. (be/get) on the blower　電話をかける(古い言い方)

Bloody hell, the boiler has broken down again. I'll have to **get on the blower** to the gas board.

なんてこった、ボイラーがまた壊れた。ガス会社に電話しなきゃ。

bloody hell は軽い罵りの言葉で、「くそ」「なんだよ」「なんてこった」

5. dog and bone　電話(古い言い方)

Can someone please pick up the **dog and bone**!

誰か電話に出てくれませんか!

dog and bone(犬と骨)はイギリス英語の発音では telephone に聞こえるので、この意味で使われるようになったと言われます。

6. British Telecom　電話ボックスの所有権を持つ電話会社

Scene 4
February Part 1

TRACK 10 11 12

猫のいるフラット
A Flat with a Cat

ステラはフラットの見学に行く。

Stella's Diary
>> February 2nd Part 1

I went to see the flat today. It's above a cinema in a really cool area, and Tom was really nice and friendly…

今日、例のフラットを見に行った。すごくおしゃれな場所にある映画館の上だった。トムもとてもいい人でやさしかった…

Scene 4 ダイアローグと訳 Dialogue & Translation

(Earlier that day, Stella arrives at Tom's flat…)

Tom: Hi, Stella? I'm Tom. Come in.

Stella: Thanks.

Tom: The flat's up these stairs — above the cinema.

(In the flat)

Tom: So, this is the lounge. And this is Mr Tinkles. Oh, I forgot to ask — are you OK with cats?

Stella: Yes, I love cats. Hello, Mr Tinkles.

Mr Tinkles: Hiss.

Stella: *(laughs)* Oh, I don't think he likes me…

Tom: No, he likes you. He would have scratched you if he didn't like you.

Stella: Oh, okay...

Tom: Let me show you the rest of the flat. This is the kitchen. As you can see, we have all the mod cons — fridge, cooker, hoover…. The bathroom's through here… only mixer taps in the basin and bath, I'm afraid — but the shower's new at least. That's the door to the lav over there… My room's at the end of the passage… The room for rent is up in the eaves. This way… Watch your step, the stairs are a bit wonky…

（その日、数時間前にステラはフラットに到着する…）

トム: こんにちは、ステラ？　トムです。入って。

ステラ: ありがとう。

トム: この階段の上にあるフラットだよ、映画館の上。

（フラットの中）

トム: ここがリビング。そしてこちらがミスター・ティンクルス。あ、聞くの忘れてた——猫は大丈夫？

ステラ: ええ、大好き。こんにちは、ミスター・ティンクルス。

ミスター・ティンクルス: シーッ。

ステラ: （笑いながら）あら、嫌われちゃったみたい…

トム: いや、気に入ってるよ。好きじゃなかったら引っかかれてたはずだから。

ステラ: あら、そうなの…

トム: ほかの部屋も見てよ。ここがキッチン。ご覧の通り、最新設備がそろってる。冷蔵庫、レンジ、掃除機…浴室はここを通って…洗面台も浴槽も混合蛇口しかないんだけど…せめてシャワーは新しいよ。あれがトイレのドア…僕の部屋は廊下の突き当りで…貸し出し中の部屋は上の屋根裏のところ。こっち…足元に気をつけて。この階段は少しぐらぐらするんだ…

Scene 4 重要表現 Words & Phrases

▶ lounge 居間

イギリス英語では sitting roomやliving room とも言います。

▶ Are you OK / okay with…? ～は大丈夫ですか？

例文 **Are you okay with** spicy food, or should we order something else?

辛い料理は大丈夫？　それとも別のものを注文する？

▶ As you can see ご覧の通り、おわかりの通り

例文 **As you can see**, there's a lovely view over the park.

ほら、公園がよく見えるよ。

▶ mod cons 最新設備

modern conveniences の省略形で、今ではユーモアを込めて使わ

れます。

▶**fridge　冷蔵庫**

▶**cooker　イギリスの料理器具**
通常はガス台が4つあり、その下に大型のオーブンが備え付けられています。

▶**hoover　掃除機（商標）**
Hoover Company は大手掃除機メーカーで、そのブランド名が製品である掃除機と同義で使われています。
動詞として「掃除機をかける」の意味でも使われます。
例文 I really need to **hoover** the carpet in the lounge.
居間のカーペットに掃除機をかけないと。

▶**bathroom　浴室**

▶**through here　ここを通って、ここを抜けて**

▶**mixer taps　（湯水）混合蛇口**
蛇口はひとつで水とお湯それぞれのつまみがついています。

▶**basin　洗面台、流し**
アメリカ英語では sink と言います。

▶**the door to the...　～に通じるドア**

▶**lav　トイレ**
lavatory の省略形でくだけた言い方。loo も toilet も使われます。
例文 Can we stop at the next services? I need to use the **lav**.
次のサービスエリアに停まれますか？　トイレに行きたいです。
services: motorway services の省略形

▶**passage　廊下**
例文 The kitchen is on the left, at the end of the **passage**.
キッチンは廊下の突き当りの左です。

▶**the room for rent　賃貸用の部屋**

▶the eaves　屋根裏、ロフト

▶wonky　まっすぐではない、ぐらぐらする

例文 The painting on the wall is **wonky**.

壁の絵が曲がっている。

果物や野菜が普通の形ではないときにも使われます。イギリスのスーパーマーケットでは、こうした果物や野菜が割引価格で販売されています。

Scene 4 Culture Note

cooker? それとも stove?

特に家財道具については、イギリス英語とアメリカ英語で少し違う単語を使うことがよくあります。たとえば cooker（イギリス）と stove（アメリカ）、tap（イギリス）と faucet（アメリカ）。家でよく見かけるものを示す以下の単語のうち、どちらがイギリス英語かわかりますか？イギリス英語に○をつけてみましょう！ 答えはページの下をご覧ください！

1. bureau ／ chest of drawers　たんす
2. can opener ／ tin opener　缶切り
3. crib ／ cot　ベビーベッド
4. couch ／ settee　長いす
5. cutlery ／ silverware　食卓用金物
6. dish towel ／ tea towel　ふきん
7. dishwashing liquid ／ washing up liquid　食器用洗剤
8. duvet ／ comforter　キルトの掛けぶとん
9. flannel ／ washcloth　タオル
10. outlet ／ socket　コンセント
11. plastic wrap ／ cling film　ラップ
12. wardrobe ／ closet　洋服だんす

答：イギリス英語は以下の通りです。

1. chest of drawers, 2. tin opener, 3. cot, 4. settee, 5. cutlery, 6. tea towel, 7. washing up liquid, 8. duvet, 9. flannel, 10. socket, 11. cling film, 12. wardrobe

Scene 5
February Part 2

TRACK 13 14 15

狭いけど居心地がいい部屋
A Small, But Cosy Room

トムがステラに部屋を案内している。

Stella's Diary
February 2nd Part 2

The room for rent was upstairs in the attic. To be honest, it was a bit smaller than I was expecting — But the layout was pretty good, and there were some interesting features...

貸し出し中の部屋は上の屋根裏だった。本当のことを言うと思っていたよりもちょっと狭かった。でも家具の配置がとてもすてきだし、おもしろいものもあって…

Scene 5 ダイアローグと訳 Dialogue & Translation

(Earlier that day, Stella and Tom are in the attic room...)

Tom: So, this is it… It's a bit on the small side, I'm afraid…

Stella: No, it's very nice. It's urm, cosy.

Tom: There's central heating, a built-in wardrobe… a couple of sock drawers for your bits and bobs.

Stella: Um, I can't see any space for a bed? Where would I sleep?

Tom: Hang on a sec, I'll show you… You just pull this handle and…

(A bed folds out of the wall)

Tom: … Bob's your uncle. The desk changes into a bed.

Stella: Blimey… I wasn't expecting that.

Tom: It's pretty good, innit?

Stella: It certainly saves a lot of space.

Tom: The bloke who used to live here had it put in during lockdown... The curtains and carpet are pretty hideous so you can chuck them out if they're not your cup of tea.

Stella: Ha, ha. Okay.

Tom: So that's everything… Do you want to see the cinema?

(その日、数時間前にステラとトムは屋根裏部屋にいる…)

トム: ここなんだけど…ちょっと手狭かもね…

ステラ: そんなことない、とてもすてき。なんていうか、居心地がいい。

トム: セントラルヒーティングと作り付けの洋服だんすと…こまごましたものを入れるのに小さい引き出しも2、3個あるよ。

ステラ: えーと、ベッドを置く場所がなくない？　どこで寝るの？

トム: ちょっと待って、今見せるから…この取っ手を引っ張るだけで…

（壁からベッドが出てくる）

トム: …ほら、完成。机がベッドに変わるんだ。

ステラ: びっくり…まさかそうなるとは…

トム: なかなかいいでしょ？

ステラ: 確かに場所を取らないね。

トム: 前にここに住んでた人がロックダウンのときに取り付けたんだ…カーテンとカーペットはかなりひどいから、気に入らなかったら処分しちゃって。

ステラ: はっはっ。オーケー。

トム: じゃあ、これで全部だね…映画館も見る？

Scene 5 重要表現 Words & Phrases

▶ a bit on the small side　ちょっと小さすぎる

丁寧な表現。

例文 It's a nice coat, but it's **a bit on the small side**.

すてきなコートだけど、少し小さめかも。

▶ cosy　居心地のよい

アメリカ英語はcozyですが、イギリス英語ではcosyと綴られます。

▶ central heating　セントラルヒーティング

イギリスではほとんどの家にセントラルヒーティング設備が備え付けられています。

▶sock drawer　寝室に置かれた引き出し

▶ bits and bobs　こまごましたもの

イギリス英語特有の言い方。

例文 I've got a few **bits and bobs** I need to take care of before I go

on holiday.
休みの前にいくつかちょっとしたことを片付けておかないと。

▶Where would I…?　どこに～？

例文 **Where would I** park my car?
車はどこに停められるかな？
would は「弱い推量･不確実」を示す助動詞で、「多分～だろう、おそらく～であろう」という意味で使われます。
Where would I park my car? であれば、まだ駐車していない状況で「もし駐車するとしたらどこにしたらいいか」とたずねています。

▶hang on a sec(ond)　ちょっと待って

hang on a tick / mo(moment)という言い方もします。

▶Bob's your uncle.　それでよし、あとは心配無用。

非常にイギリス的な言い方。
例文 To reset your password, simply click this link, follow the instructions, and **Bob's your uncle**!
パスワードをリセットするには、このリンクをクリックして指示どおりにすれば、簡単！

▶innit　isn't itのイギリス俗語

▶bloke　男、やつ

▶used to…　以前は～であった

例文 I **used to** live in London.
わたしは以前、ロンドンに住んでいたの。

▶have it put in　取り付ける

例文 We are planning to **have a new boiler put in**.
新しいボイラーを取り付けるつもり。

▶hideous　おそろしい、不快な

▶chuck (something / someone) out (of)　～を捨てる、処分する

例文 Did you **chuck out** my old jumper?

わたしの古いセーター、捨てちゃった？

「～を追い出す」の意味でも使われます。

They got **chucked out** of the pub for being too rowdy.

あの人たちすごくうるさいからパブを追い出された。

▶not (one's) cup of tea　～の好みに合わない

例文 I know that punk rock is **not** really **your cup of tea**, but this band are really good.

パンクロックは好きじゃないでしょうけど、このバンドはすごくいいよ。

Scene 5 Culture Note

家にいよう、医療制度を守ろう、命を救おう

新型コロナウイルス感染症のパンデミックのあいだ、2020 年 3 月まではあまり使われていなかった多くの言葉がイギリスにもたらされました。以下、2020 年以降イギリスでおなじみとなった語彙をご紹介します。

Stay Home, Protect the NHS, Save Lives　家にいよう、医療制度を守ろう、命を救おう

パンデミックに関するイギリスの公衆衛生のスローガン（NHS = 国民健康保険制度）

lockdown　ロックダウン

パンデミックのあいだ、イングランドでは 3 回の全国的なロックダウン（**national lockdown**）にくわえて地域的なロックダウン（**regional lockdown**）が何度も行われました。イギリスは日曜大工（**DIY**）が盛んな国ですので、この時期には当然のように日曜大工が大人気でした。

DIY（do it yourself）enthusiasts　日曜大工愛好家

Covid bubbles　新型コロナ対策のバブル方式

イギリスでは、新型コロナウイルスの感染が拡大していた時期はソーシャルディスタンスの確保（**social distancing**）が法的に義務付けら

れ、別世帯との交流が禁止されていました。こうしたロックダウンの期間中に感染を抑制しつつ、孤立感を和らげるために導入されたのがソーシャルバブル（**social bubble**）です。一定の条件を満たせば別世帯の人とバブルを作る（**bubble (together) / form a bubble**）ことができ、そのバブル内ではソーシャルディスタンスを確保する必要はありませんでした。バブルには、育児バブル（**childcare bubble**）やサポートバブル（**support bubble**）がありました。2020 年 12 月には、3 世帯から成るクリスマスバブル（**Christmas bubble**）も認められました。

furlough　一時帰休

休暇を意味するこの単語がパンデミックでよく知られるようになったのは、政府が一時帰休制度（**furlough scheme**）を導入して、パンデミックで仕事ができなくなった労働者の賃金の 80% を保障するようになってからです。多くの雇用主がこの制度を利用し、従業員に一時帰休を命じ（**be furloughed / be put on furlough**）ました。

quarantini　クアランティーニ

強いアルコール飲料です。隔離（**quarantine**）とマティーニ（**martini**）を掛け合わせた言葉です。この単語はもともとは刑務所を扱ったイギリスのテレビドラマで作られた造語ですが、多くの人が自宅待機を余儀なくされたロックダウンにおいて、よく知られるようになりました。

いつ入居できますか？
When Can I Move In?

数分後、トムがステラに階下の映画館を案内している。

Stella's Diary
>> February 2nd Part 3

The best thing about the flat is that it's above this cool, retro cinema. Tom's the manager, and he showed me around. It's amazing! I can't wait to move in!...

このフラットが最高なのは、こんなにカッコよくてレトロな映画館の上にあること。フラットを管理しているトムが案内してくれた。すごい！ 早くここに住みたい！…

Scene 6 ダイアローグと訳 Dialogue & Translation

(Earlier that day, Tom and Stella are in the cinema downstairs from the flat...)

Tom: The cinema's shut on Mondays so there's no one here today... This is the foyer... the shop, the bar, and this is the auditorium.

(In the auditorium)

Stella: Wow. This place is magical. I love the vintage design. Is this the original interior?

Tom: Yes. It's definitely not your usual bog-standard cinema.

Stella: What kind of films do you show?

Tom: Mainstream films as well as films by local artists, and indie films... It's a social enterprise cinema, so most of the staff are volunteers.

Stella: That's interesting.

Tom: We also rent out the space for events and hold our own events... Like we have a Christmas charity concert every year.

Stella: That's so nice!

Tom: So, about the room, the rent is what we discussed on the phone... Sorry it's a bit steep.

Stella: No, it's fine... It's actually quite reasonable for this postcode.

Tom: Great. So, what do you think? Do you want the room?

Stella: Yes, please! When can I move in?

（その日、数時間前にトムとステラはフラット階下の映画館にいる…）

トム: 映画館は月曜日が休みだから今日は誰もいない…ここがロビ

ー…お店とバー、そしてここが客席だよ。

（客席にて）

ステラ: うわー。すてきな空間ね。レトロ調の設計って大好き。もとからこの内装なの？

トム: そう。どう見てもありきたりの映画館とは違うよね。

ステラ: どんな映画を上映しているの？

トム: 普通の映画もやってるけど、地元アーティストの映画とかインディーズもやってるよ…。この映画館は社会的事業として運営されているから、スタッフの大半はボランティアなんだ。

ステラ: おもしろい。

トム: イベント用にスペースを貸し出したり、自分たちでイベントを開いたりもしてるんだ…毎年クリスマスのチャリティコンサートをやったり。

ステラ: とってもすてき！

トム: それで部屋の話だけど、家賃は電話で話した通り…少し割高で申し訳ないんだけど。

ステラ: ううん、大丈夫…むしろこのエリアにしてはかなりお手頃。

トム: よかった。じゃあどうかな？　あの部屋、借りる？

ステラ: ええ、ぜひ！　いつから入居できるの？

Scene 6 重要表現 Words & Phrases

▶ **foyer**　**ロビー**

アメリカ英語では lobby と言います。

▶ **auditorium**　**劇場**

▶ **bog-standard**　**ありきたりの、まるで普通の**

例文 I'm not looking for anything special. Just any old **bog-standard**

mobile phone will do.
特別なものはいらないです。普通の古いスマホでオーケー。

▶indie film　独立系の映画

independent film の省略形。

▶hold an event　イベントを開催する

▶like we…　たとえばわたしたちは～

例文 We could have a fancy dress party **like we** did for Halloween.
ハロウィンのときみたいに、仮装パーティができるね。
fancy dress 仮装用の衣装（アメリカ英語は costume）

▶So, about…　それで、～のことだけど

元の話題に戻るときに使います。

例文 **So, about** the dinner party on Saturday, should I bring anything?
それで、土曜日のディナーパーティなんだけど、何か持ってったほうがいいかな？

▶steep　金額が高い、法外な

例文 500 pounds for a bottle of wine? That's a bit **steep**!
ワイン１ボトルが500ポンド？　ちょっと高い！

▶quite reasonable　安くはないものの許容範囲内の金額である

例文 The price of the hotel room was **quite reasonable** given the location.
場所を考えれば、そのホテルの宿泊料はまあしかたない。

▶postcode　郵便番号

アメリカ英語では zip code と言います。this や the が付くと「（この）地域」の意味になります。

Scene 6 Culture Note

イギリスには４つの「カントリー」がある！

イギリス（**The United Kingdom**）には４つのカントリー（**country**[1]）と12のリージョン（**region**[2]）があります。さらに、それぞれのリージョンは主に州（かつては **shire** と呼ばれていましたが、現在では **county**[3]）と呼ばれる単位で区切られています。

大都市圏のグレーターロンドン（**Greater London**）は、32の区（**borough**[4]）とシティー・オブ・ロンドン（**the City of London**[5]）から成り立っています。

物語の中でステラが住んでいるノッティングヒル（**Notting Hill**）はケンジントン・アンド・チェルシー王室特別区（**The Royal Borough of Kensington and Chelsea**）にあり、郵便番号の **W11** はロンドンでも有数の高級住宅街（**one of London's pricier postcodes**）です（pricier > pricey: 高価な）。

1. country：イギリスには、イングランド（England）、スコットランド（Scotland）、ウェールズ（Wales）、北アイルランド（Northern Ireland）の４つのカントリーがあります。

2. region：カントリーのひとつであるイングランドはロンドンなど計９つのリージョンに分かれていますが、残りの３つのカントリーはそれぞれひとつのリージョンでもあり、計12のリージョンがあります。

3. county：昔は shire と呼ばれていたため、イギリスには今でも末尾に shire が付いている地名がたくさんあります。
例：Oxfordshire, Hampshire, Lancashire など。
発音は /ʃə/ で、アメリカで一般的な /ʃáɪɚ/ ではありません。

4. borough：イギリス英語では /bʌ́rə/ と発音されます。アメリカで一般的な /bɚ́ːroʊ/ ではないことに注意が必要です。

5. the City of London (the City)：経済・金融の中心地であり、単にシティーとも呼ばれます。

Scene 7
March Part 1

TRACK 19 20 21

洗濯の日に問題発生！
Washing Day Trouble!

３月の土曜日の朝。ステラがフラットのキッチンにやってくる。

Stella's Diary
March 14th Part 1

Today was Saturday. I really wanted to get some washing done, as I'd been too busy all week, and I was running out of clothes. But there was a slight problem...

今日は土曜日だった。その週はずっと忙しくて着る服がなくなっちゃったから、洗濯を終わらせちゃいたかった。だけど、ちょっとした問題が発生して…

Scene 7 ダイアローグと訳 Dialogue & Translation

(Earlier that day, Stella comes into the kitchen...)

Stella: Hiya, Tom. What's happened? It looks like a bomb's gone off in here.

Tom: Hi, Stella. The washing machine's on the blink again. It cost a bomb to call in a plumber last time, so I thought I'd have a go at fixing it myself.

Stella: I see... Um, how's it going?

Tom: Well, I thought it would be a doddle, but it's a bit more complicated than I thought...

Stella: Oh, I was just about to do some washing... Oh dear...

Tom: If it can't wait, there's a launderette just around the corner. I also need to wash some jumpers and stuff. I'll come with you...

（その日、数時間前にステラがキッチンにやってくる…）

ステラ: おはよう、トム。どうしたの？　ここで爆弾が爆発したみたいになってるけど。

トム: おはよう、ステラ。また洗濯機が壊れたんだ。この前、業者を呼んだらかなり高かったから、試しに自分で直してみようと思って。

ステラ: なるほど…で、調子はどうなの？

トム: うーん、楽勝だと思ったんだけど、思ったより複雑で…

ステラ: あら、ちょうど洗濯しようと思ってたのに…まぁ…

トム: 急ぎなら、すぐ近くにコインランドリーがあるよ。僕もセーターとか洗いたいんだよね。一緒に行くよ…

Scene 7 重要表現 Words & Phrases

▶Hiya Helloのくだけた言い方

▶It looks like a bomb's gone off in here. ここで爆弾が爆発したかのようだ。

とても散らかっている状態をユーモラスに伝える表現。

▶on the blink （機械などが）故障して

例文 **A:** Why is it so cold in here?
どうしてここはこんなに寒いの？
B: The central heating must be **on the blink** again.
セントラルヒーティングがきっとまた故障したんだ。

▶cost a bomb 大金がかかる

worth [save, spend] a bomb の形でも使います。

例文 This painting is **worth a bomb.**
この絵は大変高額だ。
If you get a new boiler you'll **save a bomb** on heating costs.
新しいボイラーを買えば、暖房費が大幅に削減される。
They **spent a bomb** on their son's wedding.
あの家は息子の結婚式に大金を使った。

▶call in ～を呼び出す、～に協力を求める

例文 We have to **call in** a plumber to fix the leaky tap.
蛇口が漏れているから、配管の人を呼んで修理してもらわないと。

▶I thought I'd… ～しようと思った

例文 **I thought I'd** have a go at fixing the roof this afternoon.
午後に屋根の修理をしようと思った。

▶have a go (at) ～に挑戦してみる

例文 **A:** Do you want to try that dance challenge again?
またあのダンスチャレンジ、挑戦してみる？
B: Sure. I don't mind **having another go at** it.
ええ、またやってみようかな。

A: I can't open this jar of gherkins.
　このキュウリが入った壺が開かない。
B: Here, let me **have a go**.
　どれ、開けてあげるよ。
gherkin はイギリス英語で「（ピクルス用の若い）小さなキュウリ」

▶a doddle　とても簡単なこと
例文 The history exam was **a doddle**.
歴史の試験は楽勝だったね。

▶I was just about to...　ちょうど～するところだった
例文 **I was just about to** leave the house when the phone rang.
家を出ようとしたところで電話が鳴った。

▶if it can't wait　お急ぎなら
if it is urgent と同じ意味。
例文 I'm actually in the middle of something, but **if it can't wait**, I can make time.
今ちょっと忙しいのですが、急ぎなら時間を作ります。
＊in the middle of something は「取り込み中である、手が離せない」

▶launderette　コインランドリー
アメリカでは laundromat と言います。

▶just round [around] the corner　すぐ近く

▶jumper　セーター、プルオーバー
jumper はイギリスでは「プルオーバー式の（女性用の）セーター」の意味で使われることがあります。

▶and stuff　～など（口語表現）

おもしろいイギリスの表現

It's a doddle.（とても簡単なことです）はおもしろい響きを持つイギリス特有の表現で、イギリスで生まれ育った人や長く暮らした人以外にはなじみがないかもしれません。必ずしも自分で使う必要はありませんが、理解できるというのは大きなメリットです。以下、同様の表現をいくつかご紹介します。

1. gaff　家

Wow, nice **gaff**!
わぁ、すごいお宅ですね！

2. full of beans　元気いっぱい

My neighbour's kids are really **full of beans**!
うちの近所の子どもたちは本当に元気いっぱいです！

3. flog　売る（sell）を意味する俗語表現

He tried to **flog** me a really dodgy secondhand boiler.
彼はわたしに壊れたような中古のボイラーを売りつけようとしました。

4. work a treat　うまくいく

This new lawnmower **works a treat**.
この新しい芝刈り機は調子がいいです。

5. be quids in　もうかる（イギリス英語で a quid は 1 ポンドを表します）

After we sell these new flats we'll **be quids in**.
こうした新しいマンションを売れば、わたしたちはもうかりますね。

6. natter　おしゃべり

I had a **natter** with my neighbour over the garden fence.
庭の垣根越しに近所の人とおしゃべりしました。

7. suss out　～がわかる

It took Ralph a while to **suss out** what was wrong with the central heating.
ラルフはセントラルヒーティングの故障の原因がわかるまで、しばらくかかりました。

8. two sandwiches short of a picnic　ばかげた、間抜けな、おかしな振る舞いをする（多くの場合、ユーモアを交えて使われます）

He's buying that derelict house? Wow, he's definitely **two sandwiches short of a picnic**.

彼はあの廃屋を購入しようとしているのですか？ わぁ、完全にいかれてますね。

two sandwiches の代わりに a few sandwiches も使われます。

コインランドリーで：誰か、その犬をとめて！
At the Launderette: Someone, Stop That Dog!

ステラはトムと一緒にコインランドリーにいる。

Stella's Diary
>> March 14th Part 2

Luckily, the launderette was almost empty. I was minding the washing while Tom went to get us some coffee, when I heard shouting in the street outside...

幸い、コインランドリーを使っている人はほとんどいなかった。トムがコーヒーを買いに行っているあいだ、洗濯していると、外で叫び声が聞こえた…

Scene 8 ダイアローグと訳 Dialogue & Translation

(Earlier that day, Stella and Tom are at the launderette...)

Tom: I'm really parched. Do you fancy a beer or something?

Stella: Um, it's a bit early for me, but I could murder a coffee.

Tom: There's a café just down the road that does a killer cappuccino. Shall I go and get us some?

Stella: OK, thanks. I'll wait here and keep an eye on the washing.

(A couple of minutes later, Stella hears shouting from the street outside…)

Sam: Max! Come back! Someone, stop that dog!

Stella: I wonder what's going on?

Max: Woof, woof.

Stella: Oh no! He's going to get run over…

Passerby: Watch out!

(Stella pushes the dog out of the way of an approaching taxi)

（その日、数時間前にステラとトムはコインランドリーで…）

トム: 喉がからからだよ。ビールか何か飲まない？

ステラ: うーん、ビールにはちょっと早いけど、コーヒーが飲みたくて。

トム: このちょっと先に、とびきりのカプチーノを出すカフェがあるんだ。僕が行って買ってこようか？

ステラ: そうね、ありがとう。わたしはここにいて洗濯物を見てる。

（数分後。ステラは外の通りから叫び声を聞く）

サム: マックス！　戻ってこい！　誰か、その犬をとめて！

ステラ: 何かしら？

マックス: ハフ、ハフ。

ステラ: あら大変！　車にひかれちゃう…

通行人: あぶない！

（近づいてくるタクシーにぶつからないように、ステラは犬を押しのける）

Scene 8 重要表現 Words & Phrases

▶ **parched　からからに乾いた**

口語表現では、喉がかわいたという意味でも使われます。

▶ **fancy…　〜を好む**

例文 Do you **fancy** a chat later?

あとでおしゃべりしたい？

▶ **It's a bit early for me.　時間的に少し早い。**

特に「まだお酒を飲むには早い時間」の意味でよく使われます。

▶ **I could murder a coffee.　コーヒーが飲みたくてたまらない。**

I could murder… は、イギリス英語のくだけた言い方で「〜が食べたくて〔飲みたくて〕たまらない」

例文 It's so hot today! I **could** really **murder** an ice-cream.

今日は暑いね！　アイスクリームがすごく食べたい。

▶ **they do…　〜を売っている、作っている、提供している**

主語は複数、weかtheyで使われます。

例文 **They do** an amazing breakfast in this café.

このカフェ、すごい朝食を出す。

▶ **killer　すばらしい、みごとな**

例文 The football player scored a **killer** goal in the last minute of the match.

あのサッカー選手は最後の最後ですごいゴールを決めた。

▶ **Shall I go and get us some?　僕が行って買ってこようか？**

shall I...? はイギリス英語の会話で「〜しましょうか？」の意味でよく使われます。

例文 **Shall I** help you with your bags?

お荷物をお持ちしましょうか？

I'm terribly sorry, but **I shan't** be able to come to see your play after all.

本当に申し訳ないのですが、やっぱりあなたの試合を観にいくことはできません。

shan't は年輩の人たちが比較的よく使います。
（付加疑問文としても使われます）

Let's meet at the café at one, shall we?

１時にカフェで落ち合いましょうか？

▶keep an eye on… 〜を見張る

例文 Can you **keep an eye on** my bicycle while I pop into the supermarket?

ちょっとスーパーに行ってくるから、この自転車見ていてくれない？

＊pop は「さっと行く［来る］、（店などまで）ひとっぱしりする」

▶woof ハフ

▶get run over （車が人などを）ひく

例文 He's going to **get run over**!

車にはねられてしまいそうだ。

Scene 8 Culture Note

イギリスの誇張表現

イギリス人は（たいていは滑稽なほど）控えめな言い方をすることでよく知られていますが、誇張表現（文字通り解釈されることを意図していない大げさな言い方）もイギリスのコミュニケーションにおいて重要な部分です。イギリス人が誇張表現を使うのは発言を強調したり彩りを加えたりするためです。

あるいは、不平を言ったりいらだちを表したりする場面でユーモアを交えることもよくあります。

以下、イギリスでよく耳にする誇張表現をご紹介します。

Can you put the kettle on? I'm absolutely **dying for** a cuppa.

やかんを火にかけてもらえますか？ 紅茶を一杯飲みたくてたまりません。

That cake looks delicious. **I'd swim the English channel for** a slice of that!

あのケーキ、おいしそう。一切れもらえるなら、今すぐイギリス海峡を泳ぐのに！

I have **tons of** work to do today. I'm completely **snowed under** at the moment.

今日は仕事が山ほどあります。今は完全に仕事に埋もれています。

Our summer holiday cost us **an arm and a leg**.

夏休みに多額のお金がかかりました。

The traffic on the motorway was **a bloody nightmare**.

高速道路の渋滞は悪夢としか言いようがなかった。

I **almost died of** embarrassment.

恥ずかしくて死にそうになりました。

It **took forever** to find a parking space.

駐車場が永遠に見つからないかと思いました。

My feet are absolutely **killing me**.

足が死ぬほど痛いです。

I'm uttterly **knackered / cream crackered**.

疲れ切ってくたくたです。

That film was absolute **rubbish**.

あの映画は本当にひどかった。

The meeting seemed to **drag on endlessly**. Honestly, I thought it was never going to end.

会議が永遠に終わらないかと思いました。はっきり言って、ずっと続くのではないかと思いました。

おもしろい効果を出すために、誇張表現と皮肉を織り交ぜて使うこともあります。（その場合、おもしろさを十分に引き出すために必ず無表情で言わなければなりません！）

A: How was the presentation on tax law?

税法のプレゼンはどうだった？

B: It was **absolutely riveting**. I was **on the edge of my seat** the whole time. **Pure adrenaline**. (= it was boring)

引き込まれたよ。ずっと身を乗り出して聞いていた。アドレナリン全開で。(=つまらなかった)

Fantastic! Another train cancellation... **My day couldn't possibly get any better**.

すごい！ また電車が運転見合わせだ…これ以上いい日はないよ。

Scene 9
March Part 3

TRACK 25 26 27

マックスを助けていただき、ありがとうございました！
Thank You for Saving Max's Life!

数分後、コインランドリーの外の通りにて。

Stella's Diary
March 14th Part 3

Luckily, I was able to push the dog out of the way of the taxi in time. The dog's owner was really good-looking, and I think he was about to ask me out!!! But, then Tom came back, and the moment passed…

運よく間に合って押しのけたから、犬がタクシーにひかれずにすんだ。飼い主がとてもすてきな人で、デートに誘われるところだったのに！　でも、トムが戻ってきて、そうはならなかった…

Scene 9 ダイアローグと訳 Dialogue & Translation

(Earlier that day, in the street, outside the launderette, a man is helping Stella to her feet…)

Sam: Are you all right? Let me help you up. Thank you so much for saving Max… He suddenly ran off.

Stella: I think he was chasing after this red nose. Maybe he thought it was a ball.

(Stella holds up a red clown nose)

Sam: Oh, right. It was Red Nose Day the other day. Someone must have dropped it. Er, if you have time, can I buy you a cup of...

(Tom comes back)

Tom: Here's your coffee, Stella. Sorry I was so long… There was a massive queue in the café.

Stella: Thanks, Tom. *(To Sam)* Sorry, you were saying?

Sam: Oh, er... nothing. Thanks again for saving Max's life.

Stella: No, problem... I'm glad I could help.

Sam: Come on, Max.

Tom: What was all that about?

（その日、数時間前にコインランドリーの外で、ひとりの男性がステラが立ち上がるのを手助けしている…）

サム: 大丈夫ですか？　つかまってください。マックスを助けていただきありがとうございました…急に走り出してしまって。

ステラ: この赤い鼻を追いかけてたんじゃないかしら。ボールと勘違いしたんだと思います。

（ステラがピエロの赤い鼻を差し出す）

サム: あぁ、なるほど。この前、レッド・ノーズ・デーでしたよね。誰かが落としたんだ。あの、よかったら何か飲み物でも…

（トムが戻ってくる）

トム: はい、ステラのコーヒー。遅くなってごめん…カフェが大行列だったんだ。

ステラ: ありがとう、トム。（サムに対して）ごめんなさい、なんて言いかけてましたっけ？

サム: あ、いや…何も。マックスを助けていただいて、あらためてありがとうございました。

ステラ: いえいえ…お役に立てたなら何よりです。

サム: ほら、マックス。

トム: 一体、何があったの？

Scene 9 重要表現 Words & Phrases

▶Let me help you up. 立ち上がるのを手伝います。

let me help youで人のために何かするときに「やります」ということを丁寧に伝える表現です。

例文 **Let me help you** with your bags.
お荷物をお持ちしましょう。

▶run off 走り去る

例文 Why did you **run off** like that without saying goodbye?
なぜあんなふうにさよならも言わずに走っていってしまったの？

▶chase after… ～をつかまえようとして追いかける

例文 The police **chased after** the bank robbers.
警察は銀行強盗を追いかけた。

▸Red Nose Day

毎年イギリスで行われる寄付金集めのチャリティイベントで、参加者たちはピエロの赤い鼻をつけます。

▸Can I buy you…? **～はいかがですか？**

お茶や食事に誘うときによく使われます。

例文 **Can I buy you** a drink?

よかったら飲み物をおごるよ。

▸massive **（量・規模・程度などの）大きい、強力な**

例文 He lives in a **massive** house.

彼の家は立派だ。

イギリスで massive は「物理的に大きい」よりも、「量、規模、程度などが大きい」、あるいは「すばらしい」の意味で使われることが多いです。

▸you were saying…? **あなたが話していたのは～？**

会話が中断されて再び話を戻すときに、相手に続きを促す表現。

例文 Sorry, I got distracted there for a moment. **You were saying** something about a new project?

ちょっとほかのことに気を取られましたね。新しいプロジェクトについて何か話していましたか？

▸I'm glad I could help. **お役に立ててよかったです。**

▸What was all that about? **一体、何があったのですか？**

Scene 9 Culture Note

レッド・ノーズ・デー&コミック・リリーフ

レッド・ノーズ・デー（**Red Nose Day**）は年に一度募金を呼びかける非常に有名なチャリティイベントで、イギリスの慈善団体であるコミック・リリーフ（**Comic Relief**）が毎年3月に主催しています。笑いの力を借りて、世界中の恵まれない子どもたちのために寄付金を募ることが目的です。

まず、レッド・ノーズ・デーの前に赤いピエロの鼻（**red clown nose**）が販売され、当日にはピエロのようにこの鼻を付けた人たちがケーキの販売（**cake sale**）、仮装マラソン（**fancy dress fun run**）、パブで催されるクイズ大会（**funny pub quiz**）などのイベントに参加します。

夕方には、イギリスの公共放送 BBC がテレソン（**telethon** ＝長時間にわたるチャリティ番組）を生放送し、人気コメディアンや有名人が多数出演します。

主催者のコミック・リリーフは、イギリスの映画脚本家リチャード・カーティスとコメディアンのレニー・ヘンリーが 1985 年に設立しました。2022 年時点で 37 年間活動し、累計 15 億ポンドを超える資金を集めています。

Scene 10
April Part 1

TRACK 28 29 30

具合が悪い日
A Sick Day

朝、トムとステラはキッチンにいる。

Stella's Diary
>> April 6th Part 1

I woke up feeling a little under the weather today.
I had a terrible headache and I couldn't stop sneezing…

今朝起きたら、ちょっと体調が悪かった。かなり頭が痛いし、くしゃみも止まらないし…

Scene 10 ダイアローグと訳 Dialogue & Translation

(That morning, Stella and Tom are in the kitchen...)

Stella: Atishoo.

Tom: Bless you.

Stella: Thank you. Can you pass me the tissues?

Tom: There you go. Um, are you all right? You look a bit peaky.

Stella: Not really. I feel a bit poorly, actually. I think I'm coming down with something.

Tom: Can you take a day off work?

Stella: Yeah, I think so. We're not too busy this week. I've just got one meeting I can't miss, but I can do that online.

Tom: Well, if you need me to go down the chemist and get you some medicine or something, let me know. I'll be downstairs in the cinema.

Stella: Thanks, Tom. I think I'm OK for now, but I'll let you know if I need anything. And I'll try to stay in my room as much as possible. I don't want to give you my lurgy!

（その日の朝、ステラとトムがキッチンにいる…）

ステラ: ハックション。

トム: お大事に。

ステラ: ありがとう。ティッシュ、取ってくれる？

トム: はい、どうぞ。ねぇ、大丈夫なの？　ちょっと顔色が悪いけど。

ステラ: あんまり大丈夫じゃない。実は少し気分がすぐれないの。何かにかかったみたい。

トム: 仕事は休めるの？

ステラ: うん、休めると思う。今週はそんなに忙しくないから。外せない会議がひとつあるんだけど、オンラインで対応できるし。

トム: じゃあ、薬屋に行って薬か何か買ってきてほしければ言って。下の映画館にいるから。

ステラ: ありがとう、トム。今のところは大丈夫そうだけど、必要なときはお願いするね。さてと、できるだけ部屋の中にいるようにしなきゃ。移したら悪いから！

Scene 10 重要表現 Words & Phrases

▶Atishoo.　ハックション。

Achooとも言います。

▶peaky　顔色が悪い、やつれた

▶poorly　気分がすぐれない

▶come down with something　何かにかかる

come down with... で、「（病気）にかかる」

例文 I think I'm **coming down with** the flu.

インフルエンザになったみたい。

▶miss　参加する機会を逃す

▶go down...　～に行く

イギリス英語では go to と同じ意味です。

例文 We **went down** the pub on Friday night.

金曜日の夜にはパブに行った。

downは「下って」といっても高低があるわけではなく、なんとなく人の関心が向いているところから離れている（離れていく）という響きです。The bathroom is **down** the hall.（洗面所は廊下を〔ずっと〕行った所にある。『コンパスローズ英和辞典』）

▶chemist　薬屋

近年では pharmacy が使われる傾向にあります。

▸I'm OK for now.　今のところ必要なものはありません。

例文 **A:** Do you need anything from the shops?
あの店で何か買ってこようか？

B: I think **I'm OK for now**.
今は大丈夫よ。

▸lurgy　病気、軽い感染症

少しユーモラスな言い方。

Scene 10 Culture Note

イギリスの医療制度

「少し体調が悪い」という表現はたくさんあります。**feel [poorly / a bit iffy / a bit dicky / ropey / under the weather / out of sorts / off colour]** といった形で使われます。

ただし、注意が必要なこともあります。**(feel) out of sorts** には「気難しい、怒りっぽい」という意味もあり、**off colour** は「不快な・無礼な」という別の意味で使われます。**dicky** は「お腹が痛い」ときにも使われ、その場合には **have a dicky tum** と言います。

風邪などの軽い感染症にかかったときには have the dreaded lurgy とも言います。**dreaded** は本来「恐ろしい」という意味ですが、この場合は「嫌な」くらいの意味です。

こんなふうに少し体調が悪いときは、イギリスでは近所の薬局（**chemist / chemist's** または **pharmacy**）に薬を買いに行きます。イギリスの薬剤師は薬を調合して販売する資格を有しており、深刻な病気でなければ病院で受診するよりも薬局に相談するほうが一般的です。

本格的に具合が悪ければ、地域の診療所（**local GP surgery**）に電話をかけて家庭医（**GP = General Practitioner**）の診療予約を取る（**make an appointment**）ことができます。イギリスでは全国民が地域の家庭医に登録しており、病気になったら、まずは GP に電話することになります。

緊急の場合には、救急車（**ambulance.** アメリカでは **emergency car**）で救急外来（**A&E = Accident and emergency**）に搬送されます。救急外来は以前は **Casualty** と呼ばれ、今でも口語的にこの言葉を使う人はたくさんいます。**NHS** はイギリスの公的医療制度で税金でまかなわれるため、受診料は無料です。

Scene 11
April Part 2

TRACK 31 32 33

オンライン会議でトラブル発生！
Online Meeting Trouble!

同じ日、少し経ってから。ステラは仕事でオンライン会議に参加している。

Stella's Diary
>> April 6th Part 2

I wasn't feeling too bad, but I decided not to go to the office, as I didn't want to give my colleagues my cold. I did have one important online meeting, however…

ひどく具合が悪かったわけではないけれど、みんなに風邪を移しちゃうといけないから、出社はしないことにした。でも、大事なオンライン会議があって…

Scene 11 ダイアローグと訳 Dialogue & Translation

(Earlier that day, Stella is in an online meeting...)

Stella: xxxxxxxxxxx

Jane: Sorry, Stella, I can't hear you. I think you're on mute. Can you unmute yourself?

Stella: Oh, sorry! I thought I had unmuted myself. Can you hear me now?

Jane: Yes, crystal clear.

Miguel: All good at my end.

Jane: Er, we're just waiting for Renu to join us. Oh, here she is. I'll just let her in.

Renu: Hi, Jane. Hi, everyone. Have I missed anything? Sorry, I…

(Renu disappears from the screen)

Jane: Oh, dear. We seem to have lost Renu again… Anyway, let's just crack on, shall we? So, we need to discuss London Fashion Week in September... Oh, here's Renu again…

Renu: Sorry, everyone. I seem to be all over the shop today…

(Mr Tinkles jumps up onto Stella's desk…)

Stella: Mr Tinkles! Get down you naughty cat. Sorry, everyone, Mr Tinkles knocked over my tea...

Mr Tinkles: Miaow!

Stella: Oh no! Mr Tickles! You cut me off...

....

（その日、数時間前にステラはオンライン会議に参加している…）

ステラ: XXXXXXXXXXXXXXX

ジェーン: あの、ステラ、声が聞こえないの。ミュートになってるんじゃないかな。ミュートを解除してもらえる?

ステラ: あ、ごめんなさい! 解除したつもりだったんだけど。聞こえるようになった?

ジェーン: ええ、はっきり聞こえるわ。

ミゲル: 僕も問題なし。

ジェーン: えーと、あとはレニューが来るのを待つだけ。あ、来た。入室してもらうね。

レニュー: お疲れさまです、ジェーン。みなさん。わたし、何か忘れてることあったっけ? あの、わたし…

(レニューが画面から消える)

ジェーン: あらまぁ、レニューがまたいなくなっちゃった…とりあえず進めましょうか? それでは、9月のロンドン・ファッションウィークについて話し合いましょう…あ、またレニューが来た…

レニュー: ごめんなさい、みなさん。今日はしっちゃかめっちゃかで…

(ミスター・ティンクルスがステラの机に飛び乗る…)

ステラ: ミスター・ティンクルス! おりなさい、このいたずらっ子。すみません、猫がわたしのお茶をひっくり返しちゃって…

ミスター・ティンクルス: にゃー!

ステラ: やめて! ミスター・ティンクルス! ああ、回線が切れちゃった…

Scene 11 重要表現 Words & Phrases

▸on mute 音を消す

▶crystal clear　はっきりとわかる

「聞こえます」「わかりました」と伝える際に使われます。

例文 The villagers made it **crystal clear** how they felt about the new motorway.

村の人たちは新しい高速道路についてどう思っているか、はっきり示した。

「高速道路」はイギリスでは motorway（アメリカでは expressway, freeway, speedway, superhighwayなど）。

▶All good at my end.　こちらは問題ありません。

at one's end で、「～の側」

例文 How are things **at your end**?

そちらはいかがでしょう？

▶let someone in　（オンラインミーティングで）入室許可をする

例文 We need to start the meeting now. Pippa, can you **let any latecomers in** as they arrive?

オンライン会議を始めます。ピッパ、参加者は随時入れてくれない？

▶lose　（電話やオンラインミーティングで）回線が途切れる

例文 The WiFi is really bad in this area. I keep **losing** you.

この地域は WiFi が非常に入りにくいです。何度も回線が切れてしまいます。

▶crack on　（仕事などを）どんどん進める

例文 We only have the meeting room until 5 p.m., so we'd better **crack on**.

この会議室は５時までしか使えないから、どんどん進めましょう。

▶London Fashion Week　ロンドン・ファッションウィーク

毎年イギリスで大規模に行われるファッションイベント。

▶all over the shop　取り散らかして、混乱して

例文 These files are **all over the shop**. It's going to take us ages to find the one we need.

ファイルがあちこちに散らかってる。必要なのを見つけるのにすごく時間がかかりそう（「乱雑に、取り散らかして」の意味で使われています）。

The band were **all over the shop** today! I wonder what happened?
今日のバンドは全然まとまりがないみたい。一体どうしたの？（「混乱して」の意味で使われています）
イギリス英語では「至るところに」の意味でも使われます。
Branches of that café seem to be popping up **all over the shop**!
あのカフェは至るところに支店を出している。

▶knock over… ～をひっくり返す

▶cut… off ～の電話を切る

Scene 11 Culture Note

イギリスの遠回しな言い方

ビジネスの場でのコミュニケーションは、世界中どこでも同じような単語や表現を使う傾向があります。しかし、イギリスのビジネスシーンにおいて覚えておいていただきたいのは、イギリス人は遠回しな言い方を好むということです。ですから、発言の背後にある真意を理解するためには、行間を読んだり声色や仕草に注意を払ったりする必要があります。

たとえば、イギリス人が “I quite like your idea.”（そのアイデア、いいですね）と言う場合、（控えめに）そのアイデアをとてもよいと思っているかもしれませんし、あるいは実際には少しよいと思っている程度かもしれません。

“That's certainly an ambitious idea.”（それは意欲的なアイデアですね）と言う場合も、少し意欲が高すぎると思っているくらいかもしれませんが、もしかしたらちょっとおかしいと思っているかもしれません。

“It would be helpful if you could send me the report by tomorrow – Only if it's not too much trouble, that is.”（明日までに報告書をいただけると助かります ―― もしお手数でなければですが）これは、実は急いでいるので明日までにお願いしたいと丁寧に伝える言い方かもしれません。

また、あなたが何かを提案したときに “I like your idea ... perhaps it might be an idea to also explore other possibilities before we decide...”（よいアイデアだと思いますが ... 決める前にはほかの可能性を検討してみるのも一案かもしれません ...）といったあいまいな言い方をされた場合には、あなたのアイデアをあまり良く思っていないものの、失礼にあたると思って正直に言えないだけかもしれません。
　相手の真意がわからない場合、“Could I just clarify something / that last point?”（何か／最後の点をちょっと確認させていただけますか？）と言っても構いません。

Scene 12
April Part 3

TRACK 34 35 36

電話でフラワーショーの誘いを受ける

A Phone Call: An Invitation to a Flower Show

その直後…。

Stella's Diary
>> April 6th Part 3

I was just trying to mop up the spilt tea and rejoin the online meeting. But then my mum suddenly called me...

こぼれたお茶をふき取って、オンライン会議に戻ろうとしているところだった。でもちょうどママから突然電話がかかってきた…

Scene 12 ダイアローグと訳 Dialogue & Translation

(Earlier that day, Stella's smartphone rings...)

Stella: Oh, hi, mum.

Anna: Oh good, Stella, you answered... Er, is this a good time?

Stella: Well, I'm just in the middle of a work meeting...

Anna: Um, then I won't keep you long. I just wanted to tell you that Grandad rang me earlier. One of his Chelsea Pensioner friends gave him some tickets for the opening day of Chelsea Flower Show next month. He was wondering if we want to go with him.

Stella: Chelsea Flower Show? Yes, I'd love to go. I'll try and get some time off work... But I really have to go now, mum... I'll ring you later to confirm. Have a nice day.

Anna: You too, darling...

(その日、数時間前にステラのスマホが鳴る…)

ステラ: もしもし、ママ。

アナ: あぁよかった、ステラ、出てくれて…えっと、今大丈夫？

ステラ: うーん、仕事で会議中なんだけど…

アナ: そう、じゃあ手短に話すわね。あのね、おじいちゃんからさっき電話がきたのよ。おじいちゃんの元軍人の友達が、来月開かれるチェルシー・フラワーショーの初日のチケットを何枚かくれたんだって。それで、わたしたちも一緒に行かないかって。

ステラ: チェルシー・フラワーショー？　うん、ぜひ行きたい。仕事を休めるようにするから…でも、今はもう切らなきゃ…あとで確認の電話するね。いい1日を。

アナ: ステラも…

Scene 12 重要表現 Words & Phrases

▶Is this a good time? **今お話しできますか？**

Can you talk now? とほぼ同じです。

▶in the middle of… **～するのに忙しい**

例文 Can I call you back? I'm just **in the middle of** something.

かけなおしてもいい？　今手が離せないの。

▶I won't keep you long. **手短に～するね。**

▶I just wanted to tell you… **ちょっと言いたいのだけれど。**

▶rang me earlier **先ほどわたしに電話した**

イギリスでは call の意味で ring や ring up がよく使われます。

例文 Can you **ring up** the restaurant and book a table for tonight?

あのレストランに電話して今晩の予約を取ってくれない？

▶Chelsea Pensioner **ロンドンのチェルシー地区にある介護施設「チェルシー廃兵病院」に入居している退役軍人**

▶Chelsea Flower Show **ロンドンで毎年開かれる格式の高いフラワーショー**

▶be wondering if… **～かどうかと思って**

人を誘うときに使う婉曲的な表現。

例文 **I was wondering if** you have / had time to get together this weekend.

今週末に集まる時間があるかと思ったのですが。

▶darling **あなた**

愛情表現として love, sweetie, hun, dear, pet, babe などとともによく使われます。hun は honey の省略形です。

Scene 12 Culture Note

チェルシー・フラワーショー：鉢植えの歴史

チェルシー・フラワーショー（**the Chelsea Flower Show**）は 1913 年以来（第一次世界大戦、第二次世界大戦と 2020 年のパンデミックを除いて）毎年、チェルシー廃兵病院（ロンドン）の敷地内で開催されています。

時とともに世界有数の（**prestigious**）ガーデニングショーとなり、最先端の庭のデザイン（**cutting-edge garden design**）の流行を決める役割（**trendsetter**）を担っています。今日、ショーでは多くの庭園展示物と売店が設置され、同じく多くのイベントが開催されています。売店では様々なガーデニング製品に加えて手工芸品（**artisan crafts**）やチェルシーバン（**Chelsea buns**）、いちご、シャンパンなどの飲食物が売られています。

近年は持続可能性（**sustainability**）がますます重要視される（**a growing emphasis**）ようになり、ショーが終わると、展示物のほとんどは慈善団体や自治体に寄贈されます。

Scene 13

May Part 1

TRACK 37 38 39

好き嫌いが分かれるガーデン

Marmite Gardens

ママとおじいちゃんとチェルシー・フラワー・ショーに行く。

Stella's Diary

May 26th Part 1

I went to the Chelsea Flower Show today with mum and grandad. There were loads of beautiful and innovative gardens on display. And, as it was the first day, there were also lots of famous people walking around…

今日はママとおじいちゃんと一緒にチェルシー・フラワー・ショーに行った。きれいで斬新なガーデンをいくつも見ることができた。そして初日だったから、有名人がいっぱい歩いていた…

Scene 13 ダイアローグと訳 Dialogue & Translation

(Earlier that day, Stella, her mum and her grandad are at the Chelsea Flower Show...)

Anna: This garden is so calming. I like the way the light shines through the holes in the concrete.

James: Hmm, it just looks like a higgledy-piggledy pile of stones to me... I prefer something more traditional myself...

Stella: Ha, ha. A lot of the gardens this year are pretty marmite, aren't they? You either love them or hate them. Personally, I really like this one though...

(They notice a group of photographers)

Anna: Oh look. There seems to be a bit of a kerfuffle over there. I wonder what's happening?

James: There certainly are a lot of cameras.

Stella: Look! It's Princess Rosalind. And she seems to be headed our way...

…………………………………………

（その日、数時間前にステラとママとおじいちゃんはチェルシー・フラワー・ショーに来ている…）

アナ: このガーデンはすごく落ち着くわ。コンクリートの穴を通って光が輝く様子がすてき。

ジェームズ: うーん、わたしにはめちゃくちゃに石を積んだようにしか見えないけど…わたしはもっと伝統的なものの方が好きだね…

ステラ: はっはっ。今年のガーデンって、マーマイトみたいなものが多くない？　大好きか大嫌いか、みたいな。個人的にはこれがお気に入りなんだけど…

（カメラマンが大勢いることに気づく）

アナ: ほら、見て。むこうでちょっとした騒ぎになってるみたい。何が起きているのかしら？

ジェームズ: たしかにカメラを持った人がたくさんいるね。

ステラ: 見て！　ロザリンド王女よ。しかもこっちにいらっしゃるみたい…

Scene 13 重要表現 Words & Phrases

▶I like the way… ～がいい、すてき

アメリカでもイギリスでも口語表現でよく使われます。

例文 **I like the way** she dresses.

彼女の着こなしはすてき。

I like the way the painter uses colour.

この画家の色使いがいいね。

▶higgledy-piggledy 乱雑に、ごちゃごちゃと

例文 The books were piled up in a **higgledy-piggledy** manner on the desk.

机の上に本が何冊も乱雑に積み上げられていた。

▶marmite 二極化した、好き嫌いが分かれる

マーマイト（イースト菌から作り、パンに塗る食品）の好みが分かれることに由来する表現。

▶You either love them or hate them. 大好きか大嫌いか。

▶personally わたしの考えでは

▶kerfuffle 騒動

例文 What's all this **kerfuffle** about?

この騒ぎは一体どうしたの？

There was a bit of a **kerfuffle** outside the council meeting after the vote.

選挙のあと、議会の外でちょっとした騒ぎがあった。

▶I wonder what's happening? 何が起きているの？

▶head...way ～の方向に向かう

例文 The storm is **headed our way**.

嵐がこちらに向かってきています。

Scene 13 Culture Note

マーマイト：好きですか、嫌いですか？

マーマイトはイギリスの風味豊かなペーストで、酵母エキス（**yeast extract**）から作られます。ビタミンBが豊富で、トーストに塗って食べるのが一般的です。

19世紀の終わりにドイツの科学者ユストゥス・リービッヒにより偶然発見されたマーマイトは、1902年にはじめてイギリスにもたらされました。長い年月を経てイギリスで人気を獲得し、今では文化的象徴（**a cultural icon**）となっています。

しかし風味が強く独特であるため、好き嫌いが分かれる食べ物のひとつです。実際に、**Marmite. Are you a lover or a hater?**（マーマイト、好きですか、嫌いですか？）という広告のキャッチコピーがありました。

このように **marmite** は好みが分かれる食べ物（**a polarizing food**）であるため、時がたつにつれて次第に好きになるもの（**an acquired taste**）、あるいは意見を二分する（**divide opinion**）もののたとえとして使われるようになりました。

That TV presenter is rather like **marmite**. Some people seem to love him, but others can't stand him.

あのテレビの司会者はマーマイトみたいです。大好きな人もいれば我慢できないという人もいるようです。

また、形容詞として使われることもあります。

Purple is rather a **marmite** colour, isn't it?

紫って、好き嫌いがはっきり分かれる色ですよね？

She is something of a **marmite** painter. You either love or hate her work.

彼女はちょっと好き嫌いが分かれる絵を描きます。大ファンになるか、受け付けないかです。

Natto is definitely a **marmite** food!

納豆は間違いなく好き嫌いが分かれる食べ物です！

Scene 14
May Part 2

TRACK 40 41 42

王女に謁見！
Meeting a Princess!

数分後、ステラたちは王女と会話を交わしている。

Stella's Diary
>> May 26th Part 2

I was super surprised when the princess came over to talk to us. And when she spoke to me, I got a bit flustered...

王女がこっちに来て話しかけてくれるなんて、本当にびっくりした。話しかけられたとき、ちょっとあわててしまった…

Scene 14 ダイアローグと訳 Dialogue & Translation

(Earlier that day, at the Chelsea Flower Show)

Princess: Mr Green. How lovely to see you again. Are you enjoying the beautiful flowers?

James: Yes, thank you, Your Royal Highness. Um, may I introduce you to my daughter and granddaughter?

Princess: How do you do.

Anna: It's lovely to meet you.

Stella: Hello, um, good afternoon, er...

Princess: Are you all keen gardeners?

James: My daughter here has very green fingers.

Princess: How marvellous. Well, it was lovely to meet you all. Have a lovely day...

(The Princess leaves)

Anna: Well, that was a surprise. I don't know about you two, but I need some refreshment after all that excitement.

(In a café)

Anna: Why don't you and grandad grab a seat, and I'll go and get us some tea and Chelsea buns. Or, would you prefer something stronger?

James: Tea will do nicely, thank you.

(その日、数時間前にチェルシー・フラワー・ショーにて)

王女: グリーンさん。またお会いできてうれしいです。美しい花を楽しんでいますか？

ジェームズ: はい、ありがとうございます。妃殿下。あの、わたしの娘と孫娘をご紹介させていただいてもよろしいですか？

王女: はじめまして。

アナ: お目にかかれて光栄です。

ステラ: ああ、こんにちは、そ、その…

王女: みなさん、園芸がお好きなのですか？

ジェームズ: 娘は園芸が得意でして。

王女: それはすばらしい。みなさんにお会いできてよかったです。すてきな１日をお過ごしください…

（王女が立ち去る）

アナ: あぁ、びっくりした。ふたりはどうかわからないけど、わたしはすっかり興奮しちゃって、何か軽く口に入れたいわ。

（カフェで）

アナ: ステラとおじいちゃんは席を見つけてちょうだい。わたしがお茶とチェルシーバンを買ってくるから。それか、アルコール系の方がいい？

ジェームズ: お茶がいいよ、ありがとう。

Scene 14 重要表現 Words & Phrases

▶Your Royal Highness　妃殿下、殿下

王族に対する挨拶。

▶may I…　～してもよろしいですか

can I… の丁寧な表現。

▶(It's) lovely to meet you.　お会いできてうれしいです。

▶keen　熱心な

enthusiasticと同義ですが、イギリスではkeenがよく使われます。

例文 My daughter is a **keen** footballer.

娘は熱心にサッカーをしている。

I'm **keen** to hear more about your business.

お仕事のこと、ぜひお聞きしたいわ。

green fingers　園芸の才

イギリスの言い方。アメリカ英語では green thrumbs と言います。

marvellous　すばらしい

アメリカ英語（marvelous）とは綴りが異なります。

例文 What **marvellous** weather!

すばらしいお天気！

a lovely day　すてきな日

I don't know about you, but...　あなた（たち）はどうかわかりませんが…。

grab a seat　座席を確保する

go and get...　行って～を取ってくる

アメリカ英語では go get となることが多いですが、イギリス英語では go and get となります。

例文 I'll just **go and get** the car.

ちょっと車を取ってくる。

Chelsea bun　甘い丸パン

イギリスの菓子パンの代表でもあるチェルシーバンは、1700年代にロンドンのチェルシーベーカリーで初めて作られました。このベーカリーには王族がよく訪れていました。

something stronger　アルコール

伝統的にチェルシー・フラワー・ショーではシャンパンが飲まれています。

例文 **A**: Would you like some coffee?

コーヒーでもいかがですか？

B: Um, do you have **anything stronger**?

ああ、もっと強いものはありますか？

That'll do nicely (thank you).　それで十分です（ありがとう）。

例文 **A**: Is a paper bag OK?
紙袋で大丈夫ですか？
B: Yes, **that'll do nicely, thank you**.
はい、それで十分です。ありがとうございます。

Scene 14 Culture Note

王族への呼びかけ

イギリスの社交シーズン（**Social Calendar**）の重要な行事として、チェルシー・フラワー・ショーには多くの有名人や王族が集まります。実際にエリザベス２世（**Queen Elizabeth II**）は50回以上訪れ、2019年にはキャサリン妃（**HRH The Princess of Wales** ）が庭の創作にも参加しました。

このような行事で思いがけず王室のメンバーと出会った場合、特に決まった呼称はありませんが、イギリスで伝統的に用いられている以下のような呼称を用いるとよいでしょう。

女王に対して： 最初に **Your Majesty** と呼びかけて、その後は **Ma'am** と呼びかけます。Ma'am はイギリスでは /mǽm/ と発音され、a'a は jam /ʤǽm/ の /ǽ/ と同じ音に聞こえます。

王に対して： 最初は **Your Majesty** と呼びかけて、そのあとは Sir と呼びかけます。

そのほかの女性王族に対して： 最初は **Your Royal Highness** と、そのあとは Ma'am と呼びかけます。

そのほかの男性王族に対して： 最初は **Your Royal Highness** と、そのあとは **Sir** と呼びかけます。

ふるまいについては握手するだけで十分ですが（イギリスでは、握手は強すぎず弱すぎずの力加減で数回振るのがもっともよいとされています）、少し膝を曲げておじぎをしたり（通常は女性）わずかに頭を下げたり（男性）しても構いません。**It's lovely to meet you!**（お会いできて光栄です！）などといった、かなりくだけた挨拶をしても大丈夫です。

(the) (English) Social Calendar

the Social Season とも言います。 伝統的に毎年春から夏にかけての時期に、イギリスの社交界のエリートたちがイベントを開催したり参加したりするのが慣わしとなっています。

HRH The Princess of Wales（HRH = Her Royal Highness）
皇太子妃殿下

It's lovely to meet you.
もちろん **"It's an honour / nice / great / wonderful / a pleasure to meet you".** と言うこともできますが、（男女とも）イギリス人の多くは **lovely** という言葉が好きで、心がこもっているように聞こえます。**"How do you do."** も役に立つ表現ですが、最近ではとても古風な感じがします。

Scene 15
May Part 3

TRACK 43 44 45

すばらしいアドバイス
Some Good Advice

ステラはチェルシー・フラワー・ショーのカフェでおじいちゃんと話をしている。

Stella's Diary
>> May 26th Part 3

The café was a bit crowded, but we managed to find some seats. While mum was getting the tea, I had a really good chat with grandad — Honestly, he always gives such good advice.

カフェは少し混んでいたけど、どうにか座れた。ママがお茶を買いにいっているあいだに、おじいちゃんと楽しく話ができた。ほんと、おじいちゃんのアドバイスはいつもありがたい。

Scene 15 ダイアローグと訳 Dialogue & Translation

(Earlier that day, Stella and her grandad are in a café at the Chelsea Flower Show...)

Stella: So, grandad, how do you know the Princess?

James: Well, I met her during the pandemic when I was doing that fundraising walk for the NHS. I must admit I'm pretty chuffed that she remembered me...

Stella: Oh yes, of course! I'd forgotten all about that. The pandemic seems so long ago now...

James: Yes... But enough about me. How about you, Stella? Anything new?

Stella: Um, just muddling through as usual... Oh, did mum tell you I found a new place to live?

James: Yes. She said you're living in a cinema.

Stella: Yeah, well kind of... I'm living above a cinema...

James: How wonderful. I used to love going to the pictures when I was younger. Did I ever tell you my first date with your grandmother was at a cinema?

Stella: No. I didn't know that. What film did you see?

James: Hmm, to be honest, I can't quite remember. I think I was too busy gazing at your grandmother to notice the film.

Stella: Oh, grandad you're such a romantic. I wonder if I'll ever find true love like you and grandma had.

James: I'm sure you will, my dear. There's plenty of time. And you know what they say, love always comes along when you least expect it. Ah, here's your mum with the tea. Those buns look scrumptious...

（その日、数時間前にステラとおじいちゃんはチェルシー・フラワー・ショーのカフェにいる…）

ステラ: それで、おじいちゃん。どうして妃殿下と知り合いなの？

ジェームズ: パンデミックのときにね、国民健康保険制度の寄付金を集めるチャリティウォークに参加したんだけど、そこでお目にかかったんだよ。わたしのことを覚えていてくれたなんて、ほんとにとても感激だよ…

ステラ: ええ、もちろん！　わたしだったら全部忘れちゃいそう。今となってはパンデミックって遠い昔のことのようね…

ジェームズ: そうだね…わたしの話はいいとして。ステラはどうなんだ？　変わったことはあったかい？

ステラ: そうね、相変わらずなんとかやってるわ…そういえば、新しい住まいを見つけたってママから聞いた？

ジェームズ: ああ。映画館に住んでるんだってね。

ステラ: まぁそんな感じ…住んでるのは映画館の上なんだけど…

ジェームズ: それはいい。わたしも若い頃は映画館に行くのが大好きでね。おばあちゃんとの最初のデートが映画だったっていう話をしたことあったかな？

ステラ: いいえ。知らなかった。なんの映画を観たの？

ジェームズ: うーん、正直に言うとね、よく覚えていないんだ。おばあちゃんのことばかり見ていて、映画に気がまわっていなかったよ。

ステラ: まぁ、おじいちゃんたらロマンチックなのね。わたしもおじいちゃんとおばあちゃんみたいに真実の愛を見つけられるかしら。

ジェームズ: きっと大丈夫だよ。時間はたっぷりあるから。それに、愛はいつも思いがけないときに訪れるって言うじゃないか。ほら、ママがお茶を持ってきてくれたよ。パンもすごくおいしそうだ…

Scene 15 重要表現 Words & Phrases

▶(first) met when ~ ing　～していたときに初めて会った

例文 We first **met when** I was **living** in London.
ロンドンに住んでいたときに初めて会った。

▶fundraising walk　寄付金集めのウォーキング

▶the NHS　国民健康保険制度（The National Health Service）

▶I must admit...　～を認めなければならない

例文 **I must admit**, I never thought Lucas would pass the exam.
ルーカスが試験をパスするとは思わなかった。

▶chuffed　うれしい、誇らしい

dead chuffed もよく使われます。

例文 I was dead **chuffed** to win the golf tournament.
ゴルフのトーナメントで優勝してすごくうれしかった。

▶seems so long ago　かなり昔のことのように感じられる

▶enough about me　わたしの話はさておき

自分自身に関する話題を転換させようとするときによく使われる表現。

▶muddle through　どうにか暮らしていく

例文 We had neither the proper training nor the right equipment, but somehow we managed to **muddle through**.
ちゃんとした研修もなければ、必要な道具もそろってなかったけど、どうにかやり遂げることができたよ。

▶the pictures　映画館

the cinema の古風な表現。

▶**busy…ing** **〜するのに忙しい**

例文 Can I call you back? I'm **busy cleaning** the fridge right now.
あとで電話をかけなおしてもいい？　今、冷蔵庫を掃除してて忙しい。

▶**a romantic** **ロマンチックな人**

▶**plenty** **十分な**

▶**you know what they say** **よく言われているように**
通説を引用する際に使われる表現。

▶**scrumptious** **（食物が）すごくおいしい**

Scene 15 Culture Note

イングランドの国花の歴史――バラ

もっともロマンチックな花であるバラがイングランドの国花であることをご存じでしたか？ しかし、その背後にはどのような歴史があるのでしょうか？

1455 ~ 85 年、イングランドでは王家であるランカスター家とヨーク家の内乱がありました。ランカスター家の紋章（**emblem**）が赤バラでヨーク家の紋章が白バラであったことから、その内紛はバラ戦争と名づけられました。

1485 年、ランカスター家の一族であるヘンリー・チューダー（のちのヘンリー 7 世 [**King Henry VII**]）がバラ戦争を終結に導きました。その後エリザベス・オブ・ヨークと婚姻関係を結んで両家をひとつにまとめ、チューダー朝（**Tudor dynasty**）を創設しました。

のちに採用したチューダーローズの紋は外側に五弁の赤バラと内側に五弁の白バラを組み合わせた模様で、平和と団結の象徴となりました。

今日でもチューダーローズはイングランドの花の紋であり、バラは国花です。

バラはイングランドでもっとも愛されている花であり、以下のように、バラを用いた花の慣用句（**flowery language**）が多くあります。

Life is not always a bed of roses.
人生は楽なことばかりではありません。

Everything is coming up roses.
すべてうまくいっています。

(to) see the world through rose-tinted glasses
世の中をバラ色の眼鏡で見る

Scene 16
June Part 1

TRACK 46 47 48

いざ、グラストンベリー・フェスティバルへ！
Glastonbury Festival, Here We Come!

６月、ステラは友人たちと一緒に週末のミュージック・フェスティバルに向かっている。途中でヘザーを迎えに行く。

Stella's Diary
June 25th Part 1

I went to Glastonbury last weekend with a bunch of friends. It was nice that Heather could join us this year...

先週末、友達グループでグラストンベリーに行った。今年はヘザーも一緒でとてもうれしかった…

Scene 16 ダイアローグと訳 Dialogue & Translation

(The previous weekend, outside Heather's house...)

Heather: Now, are you sure you don't mind my going, Jake?

Jake: 'Course not, you deserve a break. I'm sure I'll be able to keep things ticking over until you get back.

Heather: OK. Well, if you're sure...

Jake: Yeah, I'm sure. Now have a good time. And don't worry!

Heather: Bye, my darlings. Listen to daddy, and have fun. Love you!

Ava and Archie: Bye, mummy. Love you.

Everyone: Bye. See you later.

(In the car)

Stella: It's so nice to have the old gang back together again!

Renu: Yeah, it's going to be just like old times—camping in a field under the stars, great music.

Stella: Glasto, here we come!

(The car drives off)

(先週末、ヘザーの家の外で…)

ヘザー: じゃあ、本当に行ってもいいのね、ジェイク？

ジェイク: もちろんさ。息抜きしておいで。きみが戻るまでちゃんとやっておくから。

ヘザー: ありがとう。大丈夫なら…

ジェイク: 大丈夫だって。ほら、楽しんできて。心配しないで！

ヘザー: じゃあ、ママは行ってくるね。パパの言うことを聞いて遊んでて。大好きよ！

エーヴァとアーチー: バイバイ、ママ。大好きー。

全員: バイバイ。またね。

（車の中で）

ステラ: 昔なじみの仲間とまた一緒にいられてとてもうれしい！

レニュー: そうね、昔に戻ったみたい――夜にすてきな音楽を聴きながら野外でキャンプして。

ステラ: グラストンベリーに、いざ出発！

（車が走り出す）

Scene 16 重要表現 Words & Phrases

▶Are you sure you don’t mind my ～ing? 本当にわたしが～しても構いませんか？

例文 **Are you sure you don’t mind my opening** the window?
窓を開けてもいいかしら？

▶‘Course not もちろん（そうではありません）

Of course not の省略形。

▶(You) deserve… ～に値する、～される［する］のにふさわしい

例文 You **deserve** a pay rise!
あなたは昇給してもらって当然よ！

▶tick over （仕事などを）平穏に進める、ぼちぼちやる

アメリカ英語は tick along.

例文 **A**: How’s business these days?
最近お仕事はどう？
B: Oh, just **ticking over.**
ぼちぼちですね。

「アイドリングする」の意味でも使われます。

The chauffeur sat in the car waiting for the actor to come out of the theatre, the engine **ticking over**.
運転手は劇場から俳優が出てくるのを待っているあいだ、エンジンをアイドリングさせたまま運転席に座っていた。

▶mummy　ママ
イギリスでは mom ではなく mum と言います。

▶It's so nice to…　～でうれしい
例文 **It's so nice to** see you again.
またお会いできてうれしい。

▶(just) like old times　昔に戻ったみたい

▶under the stars　星空の下で

▶Glastonbury (Festival) / Glasto　グラストンベリー（・フェスティバル）
年に1度、開催される有名な音楽フェスティバル。

Scene 16 Culture Note

ミュージック・フェスティバル　イギリスの夏を代表するイベント

イギリス初のミュージック・フェスティバルは1968年にワイト島（**the Isle of Wight**）で開催され、1万人の観客を動員しました。それ以来、ミュージック・フェスティバルはイギリスの夏の典型（**a quintessential part of British summer**）となり、毎年全国で何百万人もの人が参加しています。

イギリスの若者にとって夏のミュージック・フェスティバルに行くのは通過儀礼（**a rite of passage**）のようなものですが、最近のフェスティバルは何世代（**multi-generational**）にもわたって楽しめるものも多く、音楽のほかにもダンスやコメディ、詩、演劇、文学、家族で楽しめるイベント、健康に関するイベントなどが行われています。

しかし、天候が不順な（**unreliable British weather**）イギリスにおいて、ミュージック・フェスティバルは気弱な（神経が細かい）人には向いていません（**not for the faint hearted**）。雨の中でキャンプをしたり長靴を履いて泥の中を歩いたり（**wading through mud wearing wellies**）、法外に高い飲食代を払わされたり、トイレ（**portaloo**）の前に何時間も並んだり（**queuing**）するのが嫌な人は、もっと落ち着いた（**sedate**）ミュージック・フェスティバルをおすすめします。人気のクラシック音楽のコンサート・イベント、プロムス（**The Proms**）がそのひとつで、毎年夏にロンドンの **Royal Albert Hall** で開催されます。

Scene 17

June Part 2

TRACK 49 50 51

長靴に泥が入った！

I've Got Mud in My Wellies!

グラストンベリー・ミュージック・フェスティバル近くのキャンプ場に着くが、雨に降られてしまう。

Stella's Diary

June 25th Part 2

When we arrived at the campsite, the weather was looking pretty good. But then, the next morning, the weather suddenly took a turn for the worse…

キャンプ場に着いたときは、よく晴れていた。それなのに、翌朝になると天気が急変した…

Scene 17 ダイアローグと訳 Dialogue & Translation

(The previous weekend, at a campsite near Glastonbury Music Festival...)

Stella: Oh no. It's bucketing down again. They said it would be sunny this weekend.

Heather: Well, they certainly got that wrong.

Renu: I'm drenched, and I've got mud in my wellies...

Heather: I've got a spare poncho. You can borrow it if you like.

Announcement: Attention all festivalgoers, due to the danger of thunderstorms, we would like to ask that you stay in your tents for the time being.

Heather: That doesn't sound good.

Stella: Yeah! Quick, let's get inside my tent.

(先週末、グラストンベリー・ミュージック・フェスティバル近くのキャンプ場にて…)

ステラ: あら、いやだ。また土砂降り。今週末は晴れるって言ってたのに。

ヘザー: ええ、予報は大はずれね。

レニュー: びしょ濡れだし、長靴にまで泥が入っちゃった…

ヘザー: 予備のポンチョ、1枚持ってるよ。よかったら貸してあげる。

アナウンス: ご来場のみなさま、雷雨の危険がありますので、今しばらくテントの中で待機していただくようお願い申し上げます。

ヘザー: 困ったわね。

ステラ: 本当に！　早く、わたしのテントに入りましょう。

Scene 17 重要表現 Words & Phrases

▶**It's bucketing down.**　**激しく雨が降っている。**

▶**They said it would be sunny.**　**気象庁は晴れの予報を出していた。**

▶**be drenched**　**びしょ濡れになる**

例文 The marathon runners **were drenched** in sweat.
マラソン出場者はみんな汗びっしょりだった。

▶**wellies**　**ゴム長靴**

Wellington boots の省略形。

▶**poncho** **ポンチョ**

頭からかぶるレインコート。

▶**festivalgoers**　**フェスティバルに参加している人たち**

▶**due to the danger of thunderstorms**　**落雷のおそれがあるため**

Due to the danger of… は、よく聞く注意を促す言い方。

例文 **Due to the danger of** flooding [overcrowding]…
洪水のおそれがあるため～／混雑が予想されるため～

▶**We would like to ask that you…**　**～していただくようお願い申し上げます**

例文 **We would like to ask that you** refrain from talking in the auditorium.

参加者の皆様には公会堂ではお話をご遠慮いただけますようお願いいたします。

▶**for the time being**　**さしあたり**

Scene 17 Culture Note

ウェリントンブーツのすべて

welly (wellies) は **Wellington boots** の省略形で、イギリスではゴム長靴をこのように呼びます。Wellington boots の名前の由来は有名なイギリスの将軍であるウェリントン公爵（**The Duke of Wellington**）で、1800 年代にはじめてブーツスタイルを定着させたと言われています。

ゴム長靴といえば、**"give it some welly?"** というカジュアルなイギリスの表現をご存じですか？ この表現はよく試合で誰かを応援するときに使われます。クリケットで今まさに打とうとしている人に対して、**"Come on give it some welly!"**（もっとがんばれ！）と言うのです。

近年ではゴム長靴を用いるスポーツもあり、村の催し（**village fete [fête]**）で非常に人気があります。**welly-throwing** あるいは **welly-wanging** として知られ、参加者はできるだけ遠くまでゴム長靴を飛ばそうとします。一番遠くまで飛ばせた人が勝ちです。

＊ welly-throwing あるいは welly-wanging: このスポーツは 1970 年代のイングランドの南西部地方（West Country）発祥と言われています。

The Duke of Wellington: ウェリントン公爵（1769 年 5 月 1 日～ 1852 年 9 月 14 日）。のちに首相となったイギリスの軍人で、1815 年にワーテルローの戦いでナポレオンを破りました。

village fete[fête]: 村の広場で開かれる共同体の催しで、起源は 1920 年代のイングランドにさかのぼります。多くの場合、慈善活動のための募金を集めることを目的としています。ジャムやケーキなどの手作りの品の販売、また、輪投げ（賞品をめがけて輪を投げて、その賞品を獲得するゲーム）やココナッツ落とし（ココナッツを的にしてボールを投げるゲーム）や富くじなどが昔から行われています。

West Country: 緩やかに定義されたイングランド南西部の地域で、コーンウォール州、デボン州、ドーセット州、サマセット州、ブリストルが含まれます。

Scene 18
June Part 3

TRACK 52 53 54

ちょっとした雨なんかに負けない！

We Won't Let a Bit of Rain Stop Us!

ステラたちはテントの中で雨がやむのを待っている。

Stella's Diary
June 25th Part 3

It was absolutely pouring down, and we were beginning to wonder if we should just pack up and go home. But then, at last, the weather began to clear up…

完全に土砂降りだったから、もう荷造りして帰ろうかと思いはじめていた。
でもそしたら、ようやく晴れてきた…

Scene 18 ダイアローグと訳 Dialogue & Translation

(The previous weekend, in a tent at Glastonbury Festival...)

Stella: Anyone up for another game of cards?

Renu: I guess we may as well. Nothing else to do. The WiFi signal is rubbish around here.

Heather: Can you budge up a bit, Renu? You're on my foot.

Renu: Sorry.

Heather: This isn't exactly the fun weekend I had envisioned.

Stella: Come on, guys. It's all part of the festival experience.

Helen: I just hope they don't cancel the bands...

(Stella looks out of the tent flap)

Stella: Oh, hang on… It looks like the rain is easing off.

(An hour later)

Singer: Thanks to everyone for sticking around. We won't let a bit of rain stop us!...

Crowd: Yay!

（先週末、グラストンベリー・フェスティバルのテントにて…）

ステラ: もう一回トランプやりたい人いる？

レニュー: そうしようか。ほかにやることもないし。このあたりはWiFiも弱い。

ヘザー: ちょっと詰めてもらえる、レニュー？　足を踏まれてるんだけど。

レニュー: ごめん。

ヘザー: これって期待してたような楽しい週末じゃないよね。

ステラ: ほら、みんな、これも全部フェスティバルにはつきものよ。

ヘレン: バンドの演奏がキャンセルにならなきゃいいんだけど…

（ステラがテントの窓から外を見る）

ステラ: あ、ちょっと待って…雨脚が弱まってるみたい。

（1時間後）

歌手: みんな、帰らないでいてくれてありがとう。ちょっとした雨なんかに負けないよ！…

観客: イェーイ！

Scene 18 重要表現 Words & Phrases

▶be up for　喜んで参加する

例文 **(Is)** Anyone **up for** a movie?
映画を観たい人はいますか？

▶may as well　～してもよい

ある状況を受け入れたり諦めたりする気持ちを表すときに使います。

例文 It looks like we've missed the last train so we **may as well** go back to the bar!
終電を逃したみたいだから、バーに戻ったほうがいいね！

▶budge up　場所を詰める

例文 I think we can all fit on the sofa if you **budge up** a bit, Tommy.
もうちょっと詰めてもらえるとみんなソファに座れるよ、トミー。

▶you're on my foot　わたしの足を踏んでいる

▶envision　～を心に描く、予想する

▶Come on, guys.　まあまあ、いいじゃないか。

come on は、「さあさあ、ねえ頼むよ」「いいじゃないか、やめてよ」といった意味で使われます。

例文 **Come on**, it's not that bad.

いいじゃないの、そんなに悪くないよ。

▶**It's all part of the festival experience.**　**すべてがフェスティバルの経験のうち。**

▶**hang on**　**ちょっと待つ**

例文 **A:** Are you ready to leave?
そろそろ行こうか？
B: Hang on (a sec), I just need to charge my phone.
（ちょっと）待って、スマホは充電しないと。

▶**the rain is easing off**　**雨が弱くなってきている**

▶**stick around**　**近くで待つ**

▶**a bit of rain**　**少しばかりの雨**

実際には少しではなくても、ユーモアを交えてこのように表現することがあります。

例文 **A bit of rain** never hurt anyone. Let's carry on with our picnic plans!
少しくらい雨が降ってもみんな大丈夫だ。計画通りピクニックを続けよう！

Scene 18 Culture Note

イギリスの不安定な天気

イギリス人がよく天気を話題にするというのは有名な話です。いつでも町のあちらこちらで、このような会話を耳にします。

A: Miserable day, isn't it?
ひどい天気ですね。
B: Yes, they said it would brighten up a bit towards the end of the week, though...
ええ。予報では週末にかけて少し天気が良くなるって言ってましたけどね…

イギリスらしいこの習慣の背景には、イギリスの天気が非常に不安定だということがあげられます。地理的な位置関係により、イギリスの天気は日ごとあるいは時間ごとに変わることがあります。
　天気について話をする（たいがいは文句を言う）際の典型的なイギリスの言い回しをいくつかご紹介します。

heavy rain: 激しい雨

It's chucking it down. / It's bucketing down. / It's throwing it down. / It's coming down in stair rods.
激しい雨が降っています。

light rain: 小雨

It's spitting / drizzling.
雨がしとしと降っています。

freezing: 寒い

It's (bloody) freezing today. / It's absolutely Baltic.
今日はこごえるほど寒いです。
bloody は「ひどく、やけに」

coldish: やや寒い

It's a bit parky out today. / It's a bit on the chilly side today, isn't it?
今日は少しひんやりしていますね。

too hot: 猛暑

It's sweltering. / It's a scorcher. / I'm boiling. / I'm melting.
とても暑い。
The heat kept me awake all night!
暑すぎて一晩中眠れませんでした！
I like it hot, but not this hot.
暑いのは好きですが、暑すぎます。
It's like a sauna in here!
ここはサウナみたいです！

mild: 穏やか

It's quite mild for this time of year, isn't it?
この時期にしてはかなり過ごしやすいですよね。

humid: 湿気の多い

It's really muggy today, isn't it?
今日は本当に蒸し暑いですね。

windy: 風が強い

🇬🇧 It's blowing a gale out there!!

外はすごい風です！

そのほか

🇬🇧 You've really caught the sun!

かなり日焼けしましたね！

Glorious weather. Not a cloud in the sky. I hope it lasts.

見事な天気です。雲ひとつありません。これが続けばよいのですが。

It's a bit springy today, isn't it?

今日は少し春めいていますね。

（イギリス英語で springy は「春らしい、春のような」）

Looks like there's a storm brewing.

嵐が起きそうです。

Well, at least it's good for the lawn.

まぁ、（雨は）芝生にはいいですね。

Nice weather for the ducks!

（雨は）アヒルにとっては最高の天気！

It's lovely and cosy indoors, listening to the rain.

雨の音を聞きながら室内で過ごすのもすてきなくつろぎの時間です。

（ティーカップを持って外の雨を眺めながら言う典型的な表現）

Scene 19
July Part 1

TRACK 55 56 57

本について話す
Talking Books

ステラ、ヘザーと双子たちと一緒に出かける。

Stella's Diary
>> July 8th Part 1

I had a nice time hanging out with Heather and her twins today. First, we went to a bookshop to look at picture books...

今日はヘザー、双子たちと一緒に楽しい時間を過ごした。最初に本屋に行って絵本を見た…

Scene 19 ダイアローグと訳 Dialogue & Translation

(Earlier that day, in a bookshop, in Portobello Road, London…)

Heather: They've got such nice books here... I think I'll get these Paddington Bear books for the twins.

Stella: Aww, I used to love Paddington when I was little... Let me get them. I still owe the twins a birthday present.

Heather: Well, if you're sure—thanks.

Stella: I also want to get something for my nieces. They're visiting from Japan next month. What do you think they'd like?

Heather: How old are they?

Stella: Um, 9 and 11, I think…

Heather: Urm, how about Narnia, or Harry Potter?

Stella: I know the younger one is really into Harry Potter, but she probably has all the books already. Perhaps I should ask my brother what they like, before I buy anything.

Heather: Good idea.

Stella: I'll just pay for these, and then shall we go to a café?

（その日、数時間前にロンドンのポートベロ通りの書店で…）

ヘザー: ここ、すごくいい本がそろってるわ…このパディントンの絵本を何冊か双子に買おうかしら。

ステラ: あぁ、わたし子どもの頃、パディントン大好きだったわ…わたしに買わせて。まだこの子たちに誕生日プレゼントあげてないから。

ヘザー: あら、ほんとに？ ありがとう。

ステラ: 姪っ子たちにも何か買いたいんだけど。来月、日本から来るの。何がいいかしら？

ヘザー: 姪っ子たち、何歳なの？

ステラ: えっと、9歳と11歳だったかしら…

ヘザー: じゃあ、ナルニア国物語かハリー・ポッターはどう？

ステラ: 妹のほうはハリー・ポッターにはまってるんだけど、もう全シリーズ持ってそう。何か買う前に、兄に何がいいか聞いたほうがよさそうね。

ヘザー: それがいいわね。

ステラ: これだけお金払って来るわ。それからカフェに行かない？

Scene 19 重要表現 Words & Phrases

▶Paddington　くまのパディントン（Paddington Bear）

児童文学に登場するくまのキャラクター。

▶I used to… when I was…　～だったときは～したものだった

例文 **I used to** live in Oxford **when I was** younger.

若い頃はオックスフォードに住んでいました。

▶Let me get them.　わたしに買わせて。わたしが払うわ。

▶owe someone (a present)　～にまだ（プレゼントを）あげていない

誰かにプレゼントするのが遅れたときに使います。

何かのお返しに「ランチをごちそうします」と言うときには、**I owe you lunch**. と言います。

単に **I owe you**. と言うこともあります。

例文 Thanks for helping me move last weekend. **I owe you**.

先週末に引っ越しを手伝ってくれてありがとう。お礼をしないと。

▶if you're sure　あなたがそう言うなら

プレゼントやお礼の申し出を受け入れる場合に使います。

▶**They're visiting from Japan next month.**　**彼らは来月、日本から来ることになっている。**

現在進行形で予定や計画を表します。

例文 We'**re playing** golf tomorrow.

わたしたちは明日ゴルフをする計画です。

▶**Narnia**　**『ナルニア国物語』**（*The Chronicles of Narnia*）

▶**be (really) into something**　**～にはまる、～に夢中になる**

例文 My nephew **is** really **into** tennis.

甥っ子が、テニスにすごくのめり込んでるんだ。

Scene 19 Culture Note

くまのパディントンと女王エリザベス2世

「くまのパディントン」（**Paddington Bear**）はイギリス人作家マイケル・ボンド（**Michael Bond**, 1926 ～ 2017 年）が執筆し、世界中で人気を博している童話です。

パディントンのキャラクターのモデルになったのは、ボンドが1956 年のクリスマスイブに買ったくまのぬいぐるみ。ロンドンのオックスフォード通り（**Oxford Street**）にあるデパート、セルフリッジズ（**Selfridges**）で最後まで売れ残ってさびしそうな様子（**forlorn**）だったと言います。

シリーズ 1 作目の「くまのパディントン」（***A Bear Called Paddington***）は 1958 年に出版され、当時ボンドが住んでいたパディントン（**Paddington**）とノッティングヒル・ゲート（**Notting Hill Gate**）の駅周辺が舞台になっています。パディントンという名前も、駅の名前にちなんでいます。

ボンドは次々とシリーズ作品を執筆し、全世界の販売部数は 3500 万部を超えています。

マーマレードが大好きな（**marmalade-loving**）パディントンは実写映画化されて大ヒットしたため、近年はますます人気が高まっていますが、イギリス人の多くがパディントンに親しみを覚える理由はほかにもあります。

2022 年、在位 70 周年を記念する「プラチナ・ジュビリー」の祝賀行事（**Platinum Jubilee celebrations**）の一環で、女王エリザベス２世（**Queen Elizabeth II**）がパディントンとアフタヌーンティー（**afternoon tea**）を楽しむ映像が公開されたのです。

その後、アーティストのエレノア・トムリンソンさんは女王とパディントンが手をつないで（**hand in hand**）歩く後ろ姿を絵にしました。女王の死去後、多くの人がこの絵やパディントンのぬいぐるみ（**Paddington Bear cuddly toy**）をバッキンガム宮殿（**Buckingham Palace**）の門前に供えました。1000体以上のぬいぐるみはその後、イギリス王室（**Royal family**）によって慈善活動に寄付されました。

Scene 20
July Part 2

TRACK 58 59 60

また犬のトラブル発生！
More Dog Trouble!

カフェにいるステラとヘザーたちの前に突然現れたのは…。

Stella's Diary
>> July 8th Part 2

After the bookshop, we decided to go to a nearby café. We were deciding what to order when suddenly Max, the dog I saved from getting run over, appeared...

本屋に行った後で、近くのカフェに行くことにした。何を頼もうかと考えていると、突然マックス（車にひかれそうになっていたのを助けた例の犬）が現れた…

Scene 20 ダイアローグと訳 Dialogue & Translation

(Earlier that day, outside a café in Portobello Road, London...)

Stella: Are you hungry?

Heather: Well, I'm kind of hungryish…

Ava: Look, mummy. A doggy!

Heather: What a beautiful dog.

Stella: Oh, that looks like Max. Hello, Max.

Max: Woof, woof!

Heather: You know his name?

Stella: Yes, this is the dog I told you about—The one from the launderette.

Heather: With the cute owner?

Stella: Ha, ha. Yes. But I can't see him anywhere… Hmm, *(to Max)* Max, did you run away again, you naughty pup?

Max: Woof, woof!

Heather: Look, he's got a tag on his collar… 11A Cambridge Road. That's just up the road, isn't it?

Stella: Yeah. Urm, if you wait here, I'll quickly go and see if anyone's home. Come on Max!

(その日、数時間前にロンドンのポートベロ通りにあるカフェで…)

ステラ: お腹すいた？

ヘザー: そうね、ちょっと小腹がすいてるって感じね…

エーヴァ: 見て、ママ。ワンちゃん！

ヘザー: 立派な犬ねぇ。

ステラ: あら、マックスみたい。こんにちは、マックス。

マックス: ハフ、ハフ！

ヘザー: 名前知ってるの？

ステラ: うん、前に話した犬よ。コインランドリーで見かけた犬。

ヘザー: 飼い主がイケメンだっていう？

ステラ: へっへ。そう。でも、いないわね…うーんと、（マックスに向かって）マックス、また逃げ出したの？　いたずらっ子ねぇ。

マックス: ハフ、ハフ！

ヘザー: 見て、首輪にタグが付いてる…ケンブリッジ通り11A。すぐそこじゃない？

ステラ: そうね。ねぇ、ここで待っててくれたら、わたし、さっと行って誰かいないか見てくるわ。おいで、マックス！

Scene20 重要表現 Words & Phrases

▶hungryish　少しお腹がすいている

▶look like　～に似ている、～のようだ

例文 That **looks like** King Charles! / a real diamond!
チャールズ国王みたい！／本物のダイヤモンドのようだ。

▶this is the dog I told you about　前に話した犬です

例文 This is **the book** / **café I told you about**.
前に話した本／カフェよ。
He's **the one I told you about**.
彼が、以前話していた人です。

▶cute　魅力的な

「かわいい」という意味もありますが、その場合にはイギリスでは一般的に sweet を使います。

例文 What a **sweet** little kitten.
なんてかわいい子猫ちゃんなのかしら。

▶naughty　やんちゃな、行儀の悪い

例文 Some of my students are really **naughty**!

生徒のなかには、本当に言うことをきかない子もいるんだ！

▶pup　犬、子犬

例文 Did you chew my slippers again, you naughty **pup**!
またわたしのスリッパ、噛んだのね、このいたずらっ子め！

Scene 20 Culture Note

-ish　イギリスっぽい表現

イギリス人は接尾辞「**-ish**」を好むことで有名で、これが付くと「だいたい」とか「ある程度」を意味します。

イギリスでよく使われるのは

時間に対して：

Let's meet in the pub about **eightish**, shall we?
だいたい８時頃、例のパブで会いましょう。

注意：時間にishが付くと、とてもあいまいになります。eightishと言われたら７時55分～８時５分くらいを想像すると思いますが、人によっては８時半とか、もっと遅い時間を意味することも十分あります。

年齢に対して：

Gary is around **60ish**, I think.
ゲーリーは60歳といったところだろう。

数字に対して：

There were about **20ish** people waiting outside the shop on Boxing Day morning.
ボクシングデーの朝、その店舗の周辺ではざっと20人が待っていました。

ボクシングデー：クリスマスの翌日12月26日で、イギリスでは通常この日にバーゲンが始まります。

形容詞に対して：

hottish（やや暑い）、**coldish**（やや寒い）、**niceish**（どちらかというとよい）、**smallish**（やや小さい）、**tallish**（やや高い）、**longish**（やや長い）、**nearish**（やや近い）、**bluish**（青みがかった）、**busyish**（やや忙しい）、**babyish**（赤ちゃんのような）などがあります。

会話の中で遠慮やためらいを表現するときにも使えます。

A: Have you finished the sales report?
販売報告書はできましたか？

B: Um, I've finished—**ish**. I just need to check the figures.
あの、できました、っていうかほぼ。後は数字を確認するだけです。

単体で使うこともあります。

A: Are you looking forward to your holiday?
休暇、楽しみでしょう？

B: Well, **ish**. I have a lot of work to do before I go away.
まぁ、そんな感じ。だけど、行く前にやらなきゃならないことが多くて。

Scene 21
July Part 3

TRACK 61 62 63

ステラ、迷子の犬を戻す

Stella Returns a Lost Dog

ステラはマックスを連れて飼い主の家を訪ねる。

Stella's Diary
>> July 8th Part 3

I took Max to the address written on the tag on his collar. I was hoping to see the cute guy again, but a pretty woman answered the door. I guess she's his partner… Oh well, at least I got Max safely back home…

首輪のタグに書いてあった住所にマックスを連れて行った。例のイケメンにまた会えればいいなぁと思ったけど、出てきたのはきれいな女性だった。彼のパートナーだろうなぁ…まぁ、マックスを無事に家まで送り届けられたことだけは確かね…

Scene 21 ダイアローグと訳 Dialogue & Translation

(Earlier that day, outside a large house, Stella rings the doorbell)

Maisy: *(Through the Intercom)* Hello.

Stella: Uh, hello, I think I have your dog — Max.

Maisy: What? Urm, just a minute.

(The door opens)

Max: Woof, woof!

Maisy: Oh, my days! Max! Where did you find him?

Stella: He was wandering around the market, near the fruit & vege stall on the corner.

Maisy: Oh my, I'm so sorry. I was having a shower. I didn't even notice he'd gone missing... I wonder how he got out. I'm sure I closed the garden gate...

Stella: Oh well, no harm done.

Maisy: Thank you for bringing him back. Urm, can I give you something for your trouble?

Stella: No, it's fine. It was no trouble at all… Um, my friend's waiting so I'd better get going.

Maisy: Well, if you're sure. Thanks again so much.

Stella: No problem. Bye Max.

Max: Woof, woof!

(その日、数時間前に大きな家の前で、ステラが玄関の呼び鈴を鳴らす)

メイシー:（インターホン越しに）はい。

ステラ: あ、こんにちは。お宅のワンちゃん、マックスを連れてきたんですが。

メイシー: え？ あの、ちょっと待ってください。

（玄関ドアが開く）

マックス: ハフ、ハフ！

メイシー: まぁ、大変！ マックス！ どこにいたんですか？

ステラ: マーケットのあたりをうろうろしてました。角でフルーツや野菜を売ってる屋台のあたりで。

メイシー: まぁ、すみません。わたしシャワー中で、マックスがいなくなったことにも気づいていませんでした…どうやって外に出たのかしら。庭のゲートは確かに閉めたのに…

ステラ: まぁ、何もなかったですし。

メイシー: 連れてきていただき、ありがとうございました。あの、ご迷惑をおかけしたお詫びに、何か差し上げたいんですが？

ステラ: いえ、結構です。迷惑だなんて、全然…あの、わたし、友達を待たせているのでもう行かないと。

メイシー: え、そうですか。本当にありがとうございました。

ステラ: どういたしまして。じゃあね、マックス。

マックス: ハフ、ハフ！

Scene 21 重要表現 Words & Phrases

▶ **Oh, my days!** **大変！ まさか！**
Oh my god! と同じ意味のイギリス英語。特に若い人がよく使います。

▶ **wander around** **～のあたりを歩き回る、さまよう**

▶ **vege** **= vegetables（野菜の略）**

▶ **have a shower** **シャワーを浴びる**
アメリカ英語では take a shower と言いますが、イギリス英語では have a shower が一般的です。

▶go missing　**行方不明になる、いなくなる**
人だけでなく物が行方不明になったときにも使います。
例文 My purse has **gone missing**.
財布が見当たらないんだけど。

▶**I wonder how / where / when...**　**どうして／どこで／いつ〜したのかしら**
例文 **I wonder when** the train will be here.
列車はいつ来るんだろう。

▶**No harm done.**　**無事で。異常なし。**
例文 **A**: I'm sorry for knocking over your glass.
グラスを倒してすみません。
B: **No harm done**. It was only water.
何てことないよ。ただの水だから。

▶**bring someone / something back**　**誰かを連れて帰る、何かを返す**
例文 Can you **bring back my book** tonight?
わたしの本、今晩返してくれますか？

▶**I'd better get going.**　**もう行かないと。**（= I had better get going. / I have to go.）

Scene 21 Culture Note

まだまだある略語

前作『〔ドラマ仕立て〕イギリス英語のリスニング』で取り上げたように、イギリス人は常に略語を好んで使います。

vegetables（野菜）は **veg**（**vege** が使われる場合もあり、アメリカ英語では veggie が一般的です）
handkerchief（ハンカチ）は **hankie**
definitely（強い肯定・同意を表す）は **deffo**

日常でよく使われる言葉だけに限りません。人名や好きなものも略します。

ビートルズの Paul McCartney は **Macca**
husband（夫）は **hubby**
Yorkshire Pudding（ヨークシャープディング）は **Yorkshire Pud**
chocolate biscuit（チョコレートビスケット）は **choccie biccie**
Yorkshire Terrier（ヨークシャーテリア）は **yorkie**
daffodil（水仙）は **daff**
Downton Abbey（テレビドラマの「ダウントン・アビー」）は **Downton**

最近では、Z 世代が創造性を発揮して略語をさらに進化させています。
次の略語はどのような意味か想像できますか。

1. Did you watch the **platty joobs** on **telly?**
エリザベス女王の即位 70 周年を祝うプラチナ・ジュビリー、テレビで見た？
platty joobs ＝ The Platinum Jubilee of Elizabeth II
telly ＝ television
2. Sorry I can't afford to go out next weekend – You know **cossie livs.**
ごめん。来週末は出かけられないよ。ほら、生活費危機でさ。
cossie livs ＝ cost of living crisis
3. How was your **holibobs?**
休暇はどうだった？
holibobs ＝ holiday
4. See you at **Botty B** on Sunday.
日曜日に飲み放題のブランチで会おう。
Botty B ＝ bottomless brunch
5. Who are you voting for in the **genny lex?**
総選挙で誰に投票しますか？
genny lex ＝ the general election
注：イギリス人は重いトピックでも茶化す傾向がありますから、物価高騰に伴う深刻な「生活費危機」(cost of living crisis) まで **cossie livs** と略しても驚くことはないのかもしれません。ほかには、pandemic（パンデミック）を **Panny D** と略す例もあります。

Scene 22

August Part 1

TRACK 64 65 66

空港に迎えに来てくれてありがとう、ステラ

Thanks for Coming to Meet Us at the Airport, Stella

ステラは兄の一家を空港まで迎えに行く。

Stella's Diary

>> August 1st

My brother and his family arrived from Japan today. They're staying in London for a couple of days, before going to my mum and stepdad's in Oxford. I went to meet them at the airport…

今日、兄が家族と一緒に日本から到着。ロンドンに 2 日間滞在してからオックスフォードの母と義父の家に行く予定で、空港まで一家を迎えに行った…

Scene 22 ダイアローグと訳 Dialogue & Translation

(Earlier that day, at Heathrow airport...)

Announcement: This is an announcement for passengers arriving on flight 123...

Mai and Ami: Auntie Stella!

Stella: Hi, I'm so sorry I'm late. The traffic was chockablock on the flyover.

Dan: No worries, we had to wait quite a long time for the baggage. We just got out.

Mika: Thanks for coming to meet us, Stella.

Stella: Of course! How was the flight? Did you get any sleep?

Mika: A bit…

Mai: I watched four movies.

Stella: Oh, that sounds like fun... Um, are you ready to get going, or do you want to get a drink or go to the loo or something first?

Mika: I think we're ready to go.

Stella: Okay, let me give you a hand with those bags...

（その日、数時間前にヒースロー空港にて…）

アナウンス: 123便でご到着の皆さま…

マイとアミ: ステラおばさん！

ステラ: あぁ、遅れてごめんなさい。高架道路が数珠つなぎになってて。

ダン: 大丈夫。こっちも荷物が出てくるまでかなり時間がかかったから、ちょうど出てきたところだよ。

ミカ: 迎えに来てくれてありがとう、ステラ。

ステラ: 当然よ！　フライトはどうでした？　少しは眠れた？

ミカ: 少しだけ…

マイ: 映画を4本観たの。

ステラ: まぁ、それは楽しそうね…えっと、すぐ出発する？　それとも、何か飲むとかトイレに行くとか、出発する前に何かしたいことある？

ミカ: もう出られるわ。

ステラ: じゃあ、その荷物持つね…

Scene 22 重要表現 Words & Phrases

▶ **chockablock** **= chock-a-block びっしり詰まって、渋滞で**

例文 During sale season, the high street was **chock-a-block** with shoppers.
セール期間中、目抜き通りは買い物客でごった返していました。

▶ **flyover** **立体交差、高架道路**

▶ **No worries.** **気にしないで。だいじょうぶ。**

▶ **get out** **出てくる、終わる**

例文 Sorry to have kept you waiting. I just **got out** of my lesson.
待たせてごめん。今ようやくレッスンが終わったよ。

▶ **be ready to** **～する準備ができている**

例文 **Are you ready** to start the meeting?
ミーティング始められる？

▶ **loo** **トイレ**

▶ **Let me give (you) a hand.** **わたしに手伝わせて。**

Scene 22 Culture Note

海洋国の名残が残る表現

chockablock（**chocka** と略されることが多い）は「上限いっぱい」または「ぎっしり詰まって」いる状態を指します。もともとは航海用語で、マストを支えるワイヤー類の上下の滑車がぴったり引き寄せられた状態を指していましたが、現在ではその語源を意識している人はあまり多くありません。

海洋国イギリスの名残を残す表現をいくつかご紹介します。現在では違う意味に使われている場合もあるので、注意が必要です。

1. I feel a bit **under the weather** today.
   今日は少し**体調が悪い**。
   現在では「具合が悪い」という意味で使われていますが、もともとは「船酔い」の意味で使われていました。
2. Come on kids, time to **pipe down**.
   さぁ、もう**静かにする**時間よ。
   pipe down は騒がしい子どもたちに対して「おとなしくしなさい」という意味で使われる表現ですが、もともとは乗組員に「終業を命じる」という意味でした。
3. **By and large**, I think a holiday abroad is a good idea.
   海外で休暇を過ごすのは、**概して**いいアイデアだ。
   by and large は「全般的に」「通常は」という意味ですが、もともとは船が風を受けたり受けなかったりする状態を指していました。
4. Marvin has been working here for ages. He should **know the ropes**.
   マービンは長年ここで働いているから、**コツを心得ている**はずだ。
   know the ropes は「内部の事情に明るい」「手慣れている」という意味ですが、もともとは船の索具の扱いを心得ているという意味でした。
5. I was pretty **taken aback** when my boyfriend said he wanted to split up!
   恋人に別れたいと言われて、わたしは**愕然としてしまいました**。
   taken aback は現在「非常に驚く」という意味に使われていますが、もともとは帆が急に逆風を受ける状態を指していました。
6. You look like you could do with **a good square meal**!
   君には**まともな食生活**が必要なようだね！
   good square meal は「栄養バランスのいい十分な食事」という意味ですが、船上で食事を提供するときに使われていた四角い皿が語源になっています。

7. The PM really **showed his true colours** during the recent crisis!
最近危機に直面したとき、首相はついに**本性を表した**！

show one's true colours は「本心を明かす」「本性を表す」という意味で、いい意味でも悪い意味でも使われます。colour には船舶が掲げる「旗」の意味もあり、海賊は昔、偽の旗を揚げていました。
PM = Prime Minister（首相）

Scene 23

August Part 2

TRACK 67 68 69

観光を楽しむ：ロンドンアイからの眺めは最高！

Sightseeing:The View from the London Eye is Incredible!

ステラは兄一家と一緒に大観覧車のロンドンアイに乗る。

Stella's Diary
August 2nd

I went sightseeing with my brother, Mika, my sister-in-law, and my two nieces, Ami and Mai, today. We had such a brilliant day. First we went on the London Eye…

兄、義理のお姉さんのミカ、姪っ子のアミとマイの２人と一緒に観光に出かけた。とっても楽しかった。最初に行ったのはロンドンアイ…

Scene 23 ダイアローグと訳 Dialogue & Translation

(Earlier that day, at the London Eye...)

Security guard: Can you open your bags, please? Thank you.

Staff member: Enjoy your ride.

Mika: Wow, the view from up here is incredible.

Mai: Look, mummy! The Tower of London. We went there last year, didn't we?

Mika: Yes. We did.

Ami: Is that the River Thames, Dad?

Dan: Yes, it's the longest river in the UK. It says here it's about 250 miles long...

Ami: And how many metres is that, dad?

Dan: You know, I'm not really sure. I'll have to look it up on my phone...

Stella: See those boats down there? We're going to get one of those later, when we go to Greenwich.

Ami: Yay. I love London!

（その日、数時間前にロンドンアイで…）

警備員: カバンを開けていただけますか？ ありがとう。

スタッフ: 楽しんでください。

ミカ: わぁ、ここまで上がってくると、絶景ね。

マイ: 見て、ママ！ ロンドン塔よ。去年行ったよね？

ミカ: そうね、行ったわね。

アミ: パパ、あれがテムズ川？

ダン: そうだよ、イギリスで一番長い川だ。だいたい250マイルあるって、ここに書いてある…

アミ：パパ、それって何メートル？

ダン：いや、わからないな。スマホで調べないと…

ステラ：あそこに船が浮かんでるでしょう？ わたしたちもあとでグリニッジに行くときに乗るのよ。

アミ：わーい、ロンドン大好き！

Scene 23 重要表現 Words & Phrases

▶incredible 信じられない、すばらしい

例文 The band gave an **incredible** performance.
そのバンドは、すばらしい演奏をしました。

▶the Tower of London ロンドン塔

ロンドン中心部に建つ中世の城塞。

▶We went there last year, didn't we? 去年ここへ来たよね？

付加疑問文は会話でよく使われます。

例文 We're still on for dinner tonight, **aren't we**?
今夜のディナー、予定通りだよね？

▶the River Thames テムズ川

イギリス南部を流れる有名な川で、ロンドンにも通っています。

▶It says here ここに書かれている

it is written here と同じ意味で使われます。

例文 **It says here** that this is the oldest castle in the UK.
これがイギリス最古の城だって、ここに書いてある。

▶…miles long 長さ～マイル

例文 The beach is two **miles long**, and a mile wide.
このビーチは長さ2マイル、幅は1マイルあります。

▶ **How many metres is that?**　**それって何メートル？**

metres はイギリス英語の綴りで、アメリカ英語では meters です。

▶**look up**　**～を調べる**

例文 **I looked up** the museum opening times on the internet.

インターネットでその博物館の開館時間を調べた。

▶ **Greenwich**　**グリニッジ**

ロンドン南東部の由緒ある河港都市。

Scene 23 Culture Note

イギリスの度量衡の単位は複雑！

イギリスでは 1824 年から 1965 年まで「インチ」や「マイル」などの単位を使用する**帝国単位**（**the Imperial system**）が採用されていましたが、1965 年に**メートル法**（**the metric system**）に移行する方針が発表されました。

1974 年には教育科学省が国内の学校に勧告を出し、授業は原則としてメートル法に則って行うと同時に、広く普及している帝国単位も維持するよう求め、それが今でも有効になっています。しかし、半世紀ほど経った現在、イギリスで使用する単位系は**大混乱**（**a wide mishmash**）しています。

たとえば、道路標識（**road sign**）はメートル法に移行しているはずですが、そのほとんどは今もマイルやヤード（**miles & yards**）で表記されています。制限速度（**speed limits**）もマイル毎時（**mph = miles per hour**）で定められています。

長さについては、今もメートルやセンチメートル（**metres & centimetres**）ではなくフィートやインチ（**feet & inches**）を使う人がほとんどです（40 代以上では特にその傾向が強いです）。重さはキログラムではなく、ストーンとポンド（**stones & pounds**）が使われています。

さらに、イギリスではパッケージ入り商品とばら売り商品の両方でキログラムやグラムで表記することが義務付けられていますが、帝国単位のポンドとオンス（**pounds & ounces**）に慣れている約半数の国民のために今も帝国単位が併記されています。

しかも、生ビール（**draught beer**）やりんご酒（**cider**）などは帝国単位のパイント（**pint**）のみの表記で販売することが今も認められていて、混乱に拍車がかかっています。

1 mile ≒ 1.609 km
1 yard ≒ 0.914 m
1 foot ≒ 0.304 m（foot の複数形は feet）
1 inch ≒ 2.54 cm
1 stone ≒ 6.35 kg
1 pound ≒ 0.453 kg
1 pint of beer ≒ 568.261 ml（イギリスの UK パイントの場合。アメリカの US パイントは 473.176 ml と英米両国で異なる）
1 half pint of cider ＝ りんご酒半パイント ≒ 284ml（イギリスの UK パイントの場合）。イギリスの cider はりんごを原材料とするやや甘めのアルコール飲料で、度数も高いです。パイント単位で販売されています。

8・August

Scene 24
August Part 3

TRACK 70 71 72

時間が始まるグリニッジで！
At Greenwich, Where Time Begins!

ステラは兄一家と一緒にグリニッジ観光を楽しむ。

Stella's Diary
>> August 2nd

After riding on the London Eye, we took a boat to Greenwich. We checked out the Cutty Sark tea clipper, the Royal Observatory, and the Greenwich Meridian Line...

ロンドンアイに乗った後、フェリーでグリニッジに行った。紅茶を輸送していた帆船のカティーサーク号や王立天文台、グリニッジ子午線を見た…

Scene 24 ダイアローグと訳 Dialogue & Translation

(Earlier that day, in the courtyard of The Royal Observatory, Greenwich...)

Ami: What's that line?

Stella: That's the line where time begins! It's called the Greenwich Meridian Line.

Mai: Time starts there? How?

Stella: It's a special line where they measure time for the whole world. It splits the world into two halves. Cool, right?

Dan: Talking of time... What time is it?

Stella: Um, twenty-five past eight.

Mika: But, it's still light...

Stella: Yes, it gets dark late in the summer in London.

Dan: I think we'd better start heading back. We have an early start tomorrow.

Mika: What about dinner?

Stella: Maybe we can get some chips or something on the way to the station?

Mai and Ami: Yay!

Mika: Thanks so much for today, Stella. We had such a great time.

（その日、数時間前に王立グリニッジ天文台の中庭にて…）

アミ：あの線、何？

ステラ：時間が始まるところよ！　グリニッジ子午線っていうの。

マイ：あそこで時間が始まるって？ どうやって？

ステラ：全世界の時間を測るスペシャルな線よ。この線で、世界が2

つに分かれるの。すごいでしょう？

ダン: 時間と言えば…今何時？

ステラ: えっと、8時25分よ。

ミカ: でも、まだ明るいわ…

ステラ: そう、ロンドンでは夏の間、暗くなるのは遅くなってからなの。

ダン: そろそろ戻ったほうがいいだろう。明日は朝早いから。

ミカ: 夕ご飯はどうするの？

ステラ: そうね、駅に着くまでにフライドポテトか何か買えるんじゃないかしら。

マイとアミ: やったー！

ミカ: 今日はほんとにありがとう、ステラ。とっても楽しかったわ。

Scene 24 重要表現 Words & Phrases

▶be called…　～と呼ばれている

▶the Greenwich Meridian Line　グリニッジ子午線

北極点と南極点を結び、グリニッジ天文台を通る架空の線。

▶split something into two halves　～を2つに分ける

例文 We **split the cake into two halves**.

ケーキを2つに分ける。

▶Talking of …　～と言えば

Talking of… はイギリス英語で、アメリカ英語では Speaking of… のほうがよく使われます。

例文 **Talking of** films, have you seen the latest James Bond movie?

映画と言えば、ジェームズ・ボンドの最新映画は観た？

▶twenty-five past eight　8時25分

▶head back　（～に）帰る、戻る

▶on the way to...　～に着くまでに、途中で

例文 I bumped into Sharon **on my way to** the shops.
店に行く途中でシャロンにばったり出くわしました。

Scene 24 Culture Note

時間の表現

ロンドン南東部にあるグリニッジ（**Greenwich**）はグリニッジ標準時（**Greenwich meantime**）で有名ですが、それだけではありません。カティーサーク号（**the Cutty Sark**）が展示されていることでも知られています。カティーサーク号は1800年代後半の茶葉輸送競争が激しい時代、茶葉をヨーロッパに運ぶ速さを競った最後の大型帆船（**tea clipper**）です。当時、ビクトリア朝（**the Victorian age**）の人々の間では、ロンドンで荷揚げされた一番茶を飲むことが流行していたため、一番茶は高値で取引されました。そのせいで茶葉の輸送帆船はどれほど時間に追われていた（**under time pressure**）か、どれほど時間を意識していた（**time-conscious**）か、想像に難くありません。

英語には一般に **in the nick of time**（ぎりぎり間に合う）、**better late than never**（遅くてもやったほうがいい）、**only time will tell**（時間が経たなければわからない）など、時間に関わる表現がたくさんありますが、イギリス特有の表現も少なからずあります。

in a jiffy（口語）すぐに

A: I'm just putting dinner on the table.
夕食、もうすぐ準備できるわよ。

B: OK, I'll be there **in a jiffy**.
わかった、**すぐ行く**。

third time lucky（口語）2度失敗した人や3度目に成功した人に対して言うフレーズ

A: I failed my driving test again.
運転免許の試験、また落ちちゃった。

B: Oh well, you know what they say: **Third time lucky**!
まぁ、よく言うじゃない、**3度目の正直って**！

in donkey's years（口語）長い間

A: When did you last see your uncle John?

ジョンおじさんに最後に会ったの、いつ？

B: Oh, he lives abroad. I haven't seen him **in donkey's years**!
あぁ、おじさん海外に住んでるからなぁ。**ずいぶん**会ってないよ！

time strapped / strapped for time（口語）時間に追われて

A: Can you help me today?
今日、手伝ってくれない？

B: Sorry, I'm really **time-strapped / strapped for time**!
ごめん、**ほんとに時間なくて**！

better late than never　遅くなってもやらないよりはいい

非常によく使われるイディオムで、明るい面を見ようとするイギリス人の気質がよく表れています。

The report is long overdue, but **better late than never**.
レポートの提出期限はずいぶん前だったんだけど、**遅れても出さないよりはまし**だ。

また、**just in the nick of time**（**ぎりぎり間に合う**）という表現もあります。

in broad daylight　映画や本でよく使われるフレーズで、「**白昼に**」「**公然と**」という意味で驚きや意外というニュアンスを含みます。

Two foxes brazenly walked across the lawn, **in broad daylight**.
２匹のきつねが**昼日中**に芝生の上を堂々と歩いていた。

時間に関する表現はほかにもあります。

beat the clock　期限までに終える
make good time　予想外に速く進む、時間がかからない
play for time　時間を稼ぐ
back in the day　昔は、あの頃は
behind the times　時間に遅れて
a stich in time saves nine　今日の一針、明日の十針、転ばぬ先の杖
too much time on one's hands　時間を持て余す
time is on your side　急ぐ必要はない
have a whale of a time　満喫する
on the dot　定刻に、時間通りに
like clockwork　規則正しく、スムーズに
make up for lost time　遅れを取り戻す
call it a day　切り上げる、おしまいにする
against the clock　時間と競争で

Scene 25
September Part 1

TRACK 73 74 75

職場で：ファッションショーの準備中
At Work: Preparing for a Fashion Show

ステラは上司のジェーンとファッションショーの打ち合わせ中。

Stella's Diary
>> September 5th

I had a meeting with my boss, Jane, today about a sustainable fashion event I'm planning during London Fashion Week. I can't believe how well the preparations are going…

今日はロンドン・ファッションウィーク中に開催を計画している持続可能なファッションイベントについて、上司のジェーンとミーティング。準備がうまく進んでいて信じられないくらい…

Scene 25 ダイアローグと訳 Dialogue & Translation

(Earlier that day, at the PR office where Stella works...)

Jane: How are preparations for the fashion show coming along, Stella?

Stella: Good. The venue is perfect.

Jane: Where is it?

Stella: In Notting Hill. It's quite near where I live actually…

Jane: Okay, great. How about the guest list?

Stella: Well, most of the people we invited seem to be coming. The high-end sustainable fashion concept seems to be popular with editors and buyers, and the designers are massively well-connected...

Jane: Yes, I heard that...

Stella: ... So, we have a bunch of A-listers coming, including a couple of Korean pop idols. I'm working on the seating plan right now.

Jane: Wonderful. It sounds like everything is going swimmingly well.

Stella: Yes, everything's under control, and I can't foresee any real problems, touch wood.

（その日、数時間前にステラが働いているPR会社のオフィスで…）

ジェーン: ステラ、ファッションショーの準備はどう？

ステラ: 順調です。開催場所が理想的で。

ジェーン: どこでやるの？

ステラ: ノッティングヒルです。実は、会場がわたしの住んでるすぐ近くなんです…

ジェーン: そう、いいわね。招待客のほうはどう？

ステラ: えっと、招待した人のほとんどは出席してくれそうです。持続可能な高級ファッションというコンセプトが編集者やバイヤーに受けているようです。それに、デザイナーたちもすごく人脈が広くて…

ジェーン: そうね、わたしもそう聞いてるわ…

ステラ: …そういうわけで、有名人が大勢出席してくれそうです。韓国のアイドル歌手も何人か。ちょうど今、座席表を組んでいます。

ジェーン: 上々ね。すべて滞りなく進んでいるようね。

ステラ: はい、万全です。問題らしい問題は見当たりません、このまままうまく行きますように。

Scene 25 重要表現 Words & Phrases

▶**come along** （仕事などがうまく）進む

例文 Our kitchen renovations are **coming along** nicely.
キッチンのリフォームが順調に進んでいます。

▶**high-end** 高級な、最上位の

例文 The boutique stocks a number of **high-end** brands.
そのブティックには高級ブランドがたくさんそろっています。

▶**be popular with** ～に人気がある

例文 This model of mobile phone **is popular with** teenagers.
このスマホの機種はティーンエージャーに人気です。

▶**massively** 非常に、すごく（= extremely）

例文 This is a **massively** ambitious project.
これは、非常に野心的な事業計画です。

▶**well-connected** 人脈が広い、身内に有力者がいる

例文 Her family is very **well-connected**.

彼女の家族には非常に強いコネがある。

▸a bunch of　たくさんの、多数の

例文 **A bunch of** us are going out for a drink, later.
わたしたち大勢でこの後、飲みに行くの。

▸go swimmingly well　スムーズに事が運ぶ、とんとん拍子に進む

例文 Everything was **going swimmingly well** until the financial crisis...
金融危機まで、すべて順調に進んでいました…

▸to be under control　正常で、制御されている

▸touch wood　うまくいきますように

アメリカ英語では knock on wood と言います。

Scene 25 Culture Note

Touch wood! ──イギリスの迷信

イギリス人は昔、非常に迷信深い国民でした。現在では、昔の迷信（**superstitions**）を信じている人はもうあまりいませんが、その多くが習慣として残っています。たとえば、誰かがくしゃみをしたら魂が抜けて悪魔に取られると信じられていたため、**"Bless you."**（神のご加護を）と言って相手を気遣ったり、塩をこぼすのは縁起が悪いとされていたため、こぼしてしまったら塩をひとつまみ左の肩越しにかけて（**throw salt over one's left shoulder**）帳消しにしたりします。また、**"All my family are very healthy."**（家族全員、とても元気です）と言った後に **"touch wood!"** と言うのは、自慢などをしたあとに復讐の神の怒りを和らげるために近くの木を触って「このままうまく行きますように」とおまじないをかけているのです。

イギリスには、ほかにも今も信じられている迷信があります。
誕生日ケーキのろうそくを吹き消すときや、流れ星を見たときには願い事をします（**make a wish**）。ペニー硬貨や四つ葉のクローバー（**a four-leaf clover**）を見つけたら、幸運が舞い込んでくるとされています。鳥にふんをかけられたら、ラッキーだとも言われています。

また、縁起が悪いと避けることもあります。
室内で傘を広げること（**put up an umbrella indoors**）、新しい靴をテーブルの上に置くこと（**put new shoes on a table**）、はしごの下を

歩くこと（**walk under a ladder**）は不吉だという言い伝えがあります。鏡を割る（**break a mirror**）と、7年間不幸が続くとも言われています。

動物に関する迷信もあります。

黒猫（black cat）：黒猫を見るのは幸運の象徴ですが、歩いている道を黒猫が横切る（**a black cat crosses your path**）のは不吉の前兆と言われています。

カササギ（magpie）：鳥のカササギは見る数によって吉か凶かが決まります。1羽だと「凶」ですが、2羽だと「吉」です。これは、"One for sorrow, two for joy,..." という童謡が由来だと言われています。

カラス（raven）：ロンドン塔（**the Tower of London**）には、常にカラスが6羽以上飼育されています。6羽以下になると、ロンドン塔が崩壊するという言い伝えがあるからです。

9・September

Scene 26

TRACK 76 77 78

September Part 2

これじゃあ台無しよ：ファッションショーでトラブル発生！

This is an Utter Shambles: Fashion Show Trouble!

ファッションショーの開幕直前にトラブルが発生。

Stella's Diary

September 25th Part 1

Today, was the day of the fashion show. I got to the venue early, and all the preparations were going well — until something really unexpected happened…

今日はファッションショー当日。早い時間に会場に到着。準備はすべてうまく行っていたんだけど、思いがけないことが起きて…

Scene 26 ダイアローグと訳 Dialogue & Translation

(Earlier that day, at the fashion show venue...)

Stella: Oh, why did the lights go off?

(Stella's mobile phone rings)

Miguel: Stella, can you come backstage for a minute? We have a bit of a situation...

(Backstage)

Electrician: It looks like someone cut through one of the cables, by mistake.

Stella: Can you fix it?

Electrician: Yes, but I'll take a day or so. In the meantime, we can't switch the electricity back on. It's a fire-hazard.

Renu: Maybe we can find another venue nearby?

Miguel: At a few hours' notice? I doubt it. Everything is booked up for Fashion Week.

Designer: This is an utter shambles. We'll have to cancel the show...

Stella: Maybe not… I have an idea.

(Stella calls Tom)

Tom: Hello.

Stella: Tom, I'm so glad you answered. I need your help…

(その日、数時間前にファッションショーの会場で…)

ステラ: あら、どうして照明が消えたの？

(ステラのスマホが鳴る)

ミゲル: ステラ、舞台裏にちょっと来てくれないか？ ちょっとトラブ

　ルがあって…

（舞台裏）

電気技師: どうやら誰かが間違ってケーブルを１本切ったようです。

ステラ: 直せますか？

電気技師: ええ、でも１日くらいかかります。電気は当面、復旧できません。火災の危険性があるので。

レニュー: 近くでほかの場所を探せないかしら？

ミゲル: 開場まで数時間しかないのに無理だろう。ファッションウィークでどこも空いてないよ。

デザイナー: これじゃあ台無しだ。ショーをキャンセルしないと…

ステラ: そうしなくても済むかも…わたしにアイデアがあります。

（ステラがトムに電話をかける）

トム: もしもし。

ステラ: トム、よかった、出てくれて。助けてほしいことがあるの…

Scene 26 重要表現 Words & Phrases

▶ We have a bit of a situation.　ちょっとトラブルがあって。

situation は問題、アクシデント。
このように大きな問題があっても、控えめな表現を好むのがイギリスでは一般的です。

▶by mistake　誤って

▶fix　直す、修理する

▶in the meantime　それまでは、当面は

例文 It'll take a few days to fix your car, but **in the meantime** we can

lend you another one.
お宅の車の修理が終わるまで数日かかりますが、それまでは代車をご用意します。

▶switch the electricity (back) on　電気を復旧する、再開させる

switch on / switch off　電灯、ガス、ラジオなどを点ける／消す

▶a fire-hazard　火事の危険があるもの

例文 Smoking in the workplace is **a fire-hazard**.
作業場で喫煙すると火事の危険があります。

▶at a few hours' notice　数時間前になって

notice は通知、知らせ。

例文 Sorry about the **short notice**, but can you work tomorrow?
直前で悪いけど、明日仕事してもらえないかな。

▶I doubt it.　それはどうかな。

例文 **A**: Can you finish this work by tomorrow evening?
明日の夕方までにこの仕事終わらせられますか？
B: **I (very much) doubt it.**
それは（大いに）疑問です。

▶everything is booked up　全部予約済みの、売り切れの

book up は「予約でいっぱい」です。

例文 Hotels in London get **booked up** really quickly in this season.
ロンドンのホテルはこの時期、すぐに満室になります。

▶a shambles　大混乱、めちゃくちゃ

例文 I forgot my umbrella, I missed the bus, I was late for a meeting... My day was a complete **shambles**.
傘を忘れて、バスに乗り遅れて、会議に遅刻しちゃった。もう散々な日だったわ。
形容詞の shambolic もよく使われます。
The singer gave a **shambolic** performance.
その歌手の歌は最悪だったよ。

Scene 26 Culture Note

困ったときの表現

It's a shambles. のほかにも、何かがうまくいかなかったときに使えるおもしろい表現のイギリス英語はたくさんあります。

1. throw a spanner in the works　横やりを入れる、妨害する
Well, that's **thrown a spanner in the works**!
それじゃあ、ぶちこわしじゃない！
アメリカ英語では throw a wrench in the works と言います。

2. go down like a damp squib（イベントなどが）期待を裏切る、不発に終わる
The event **went down like a damp squib**!
あのイベント、期待外れだったな！

3. go to pot　手入れや配慮が行き届かず、ダメになる
My garden has **gone to pot** recently!
わたしの庭、つい最近荒れ放題になっちゃった。

4. go pear shaped　だめになる
After I lost my job, everything started to **go pear shaped**.
失業してから、何もかもうまくいかなくなった。

5. up the spout　役に立たない
The plumbing in that building is **up the spout**!
あのビルの配管はダメだな！

6. gaffe　失態、へま
I made a **gaffe** by calling the owner of the company by the wrong name!
あの会社のオーナーの名前を間違う失態をおかしてしまった！

7. mug　だまされやすいやつ、間抜け
I should never have trusted him. I feel like such a **mug**.
あいつのことなんか信じるんじゃなかった。いいカモになった気分だよ。

8. daft　愚かな（silly や foolish と同じ）
I should have realized it was a **daft** idea.
それが浅はかな考えだって、気づくべきだった。

9. put one's foot in it　間違って、人を怒らせるようなことを言う、口を滑らせる
I really **put my foot in it** this time!
今回ばかりは失言だった！
アメリカ英語では、put one's foot in one's mouth と言います。

Scene 27
September Part 3

TRACK 79 80 81

無事に開催できるなんて、まだ信じられない！
I Still Can't Believe We Pulled This Off!

ステラが思いついたアイデアを実行してみたら…。

Stella's Diary
>> September 25th Part 2

So I asked Tom if we could hold the fashion show in the cinema instead, and he said yes! (He's such a legend — I'll have to buy him a present.) It was a bit of a rush to move everything there in time, but somehow we did it…

それでトムにファッションショーを映画館でできないかって聞いたら、できるって言ってくれた！（トムはほんとにすてき！ 何かプレゼントを買ってあげなくちゃ。）時間までに全部移動するのは大忙しだったけど、何とかなった…

Scene 27 ダイアローグと訳 Dialogue & Translation

(Earlier that day, in the cinema foyer...)

Stella: So, the models are ready, the lighting is set up, there's a load of posh nosh laid out in the bar... And we still have an hour before the show.

Miguel: Yeah, we're actually ahead of schedule.

Stella: Oh, did you send someone to the old venue, to redirect any guests who missed the text?

Miguel: Yes, Renu just legged it over there with a couple of interns.

Stella: Great. You know, I still can't believe we pulled this off...

Miguel: Me neither. It's really lucky that the old venue is just around the corner from here.

Stella: Yeah. And that the cinema's usually closed on Mondays...

(An hour later)

Miguel: It sounds like the K-pop idols have arrived...

(In the auditorium)

Stella: Welcome. Let me show you to your seats.

Idol: Thank you. Oh, what a charming venue…

（その日、数時間前に映画館のロビーで…）

ステラ: モデルは準備OK、照明もセッティングしたし、豪華な料理もたっぷりバーカウンターに配置済み…しかも、開演までまだ１時間ある。

ミゲル: あぁ、かえって予定より早く準備できたね。

ステラ: そうだ、誰か元の会場に行ってるかしら？ 招待客がメッセージに気づかずに元の会場に行ったら案内しなくちゃ。

ミゲル: あぁ、レニューがさっきすっ飛んで行ったよ。インターン数人も一緒だ。

ステラ: よかった。ねぇ、無事に開催できるなんて、まだ信じられない…

ミゲル: 僕もだよ。元の会場がすぐそばで本当にラッキーだった。

ステラ: そうね。それに映画館はたいてい月曜休館だし…

（1時間後）

ミゲル: どうやらKポップアイドルのお出ましのようだ…

（客席にて）

ステラ: ようこそ。お席にご案内します。

アイドル: ありがとう。うわぁ、すてきな会場だね…

Scene 27 重要表現 Words & Phrases

▶**legend** **すごい、尊敬すべき**

▶**be ready** **準備ができている**

▶**set up** **～を設置する**

▶**posh nosh** **高級な食事**

イギリスの俗語で、posh は高級、nosh は食べ物。音が似ているため、ユーモラスな響きがあります。

例文 This eatery has been serving **posh nosh** for over 100 years.
このレストランは100年にわたって豪華な食事を提供している。

▶**lay something out** **～を並べる、配置する**

例文 **A**: How should the cutlery be **laid out**?
食卓用金物はどう並べればいいのかな？
B: I'll show you.
こうするんだ。

▶(be) ahead of schedule　予定より前倒しで、予定より早く
予定通りは on schedule、予定より遅れている場合は behind schedule と言います。

▶miss a text / a message　テキストメッセージ／メッセージを見落とす、見過ごす

▶leg it　走る
「逃げる」の意味でも使われます。
例文 The robbers **legged it** when they heard the police sirens.
その泥棒はパトカーのサイレンを聞いて走って逃げた。

▶pull (something) off　難しいことをやり遂げる
例文 The golfer **pulled off** an incredible win in the first round of the cup.
そのゴルフ選手はファーストラウンドで奇跡の勝利を収めた。

▶charming　魅力的な、すてきな
男性にも、場所にも使われます。
charming man（すてきな男性）、charming old town（魅力的な古い街）

Scene 27 Culture Note

We're ahead of schedule!
──イギリス英語とアメリカ英語の発音の違い

最近では、イギリス英語とアメリカ英語の発音が次第に一致するようになっています。たとえばイギリスでは、schedule を従来通りイギリス式で /ʃédjuːl/ と発音する人もいれば、アメリカ式で /skédʒuːl/ と発音する人もいます。

とはいえ、イギリス英語とアメリカ英語で一般的な発音がかなり違う単語もまだあります。使用頻度が高く、発音が異なる単語を見てみましょう。

	イギリス英語	アメリカ英語
advertisement	/ədvə́ːtɪsmənt/	/æ̀dvɚtáɪzmənt/
adult	/ǽdʌlt/	/ədʌ́lt/
herb	/hə́ːb/	/ɚ́ːb, hɚ́ːb/
garage	/gǽrɑːʒ/	/gərɑ́ːʒ/
laboratory	/ləbɔ́rətəri/	/lǽb(ə)rətɔ̀ːri/
mobile	/móʊbaɪl/	/móʊb(ə)l/
niche	/níːʃ/	/nɪ́ʧ/
oregano	/ɔ̀rɪgɑ́ːnoʊ/	/ərégənòʊ/
pasta	/pǽstə/	/pɑ́ːstə/
patronize	/pǽtrənàɪz/	/péɪtrənàɪz/
vitamin	/vɪ́ṭəmɪn/	/váɪṭəmɪn/
yogurt	/jɔ́gət/	/jóʊgɚt/

9・September

Scene 28
October Part 1

TRACK 82 83 84

ハロウィンに何か予定ある？
Are You Doing Anything for Halloween?

ステラが帰宅すると、トムがキッチンにいて…。

Stella's Diary
>> October 20th

I'm really enjoying living with Tom. It's nice to have someone to hang out with in the evenings, and there's always something interesting happening in the cinema...

トムとのフラットシェアはとっても楽しい。夜に誰かと話せるのは楽しいいし、映画館ではいつも何かおもしろいことがある…

Scene 28 ダイアローグと訳 Dialogue & Translation

(Earlier that evening, Stella comes home...)

Stella: Hi, Tom.

Tom: Oh, hi, Stella. I'm just making some beans on toast. Do you want some?

Stella: Ooh, yes, please. Thanks.

(At the kitchen table)

Tom: Um, Stella, are you doing anything for Halloween?

Stella: Nothing decided yet, why?

Tom: You know we're holding that Halloween movie event at the cinema?

Stella: Yeah...

Tom: ... Well, a couple of our volunteers have quit recently, and we're a bit thin on the ground. I was wondering if you could lend a hand in the bar.

Stella: Sure, I'll be happy to help out. Do I need to wear a costume?

Tom: If possible. Do you have one?

Stella: No... but I'm sure I can cobble something together.

（その晩、少し前にステラが家に戻る…）

ステラ: ただいま、トム。

トム: あぁ、ステラ、おかえり。ちょうどビーンズオントーストを作ってるんだけど、食べる？

ステラ: あぁ、いただく。ありがとう。

（キッチンのテーブルで）

トム: あのさ、ステラ。ハロウィンに何か予定ある？

ステラ: まだ何も決めてないけど、どうして？

トム: いや、映画館でハロウィンに映画イベントをやるって言ってただろう？

ステラ: ええ…

トム: …実は最近、ボランティアが何人か辞めちゃって、ちょっと人手が足りないんだ。バーカウンターを手伝ってくれないかと思って。

ステラ: もちろん、喜んで。仮装したほうがいい？

トム: できれば。衣装ある？

ステラ: ないんだけど…間に合わせで何か作れると思う。

Scene 28 重要表現 Words & Phrases

▶ beans on toast　ビーンズオントースト

豆のトマト煮の缶詰をトーストに載せたもので、イギリスでは朝食や軽食としてよく食べられます。

▶Nothing decided yet.　まだ何も決めていない。

Nothing has been decided yet. を短縮した言い方です。

例文 We are thinking of moving to France. But **nothing has been decided yet**.

家族でフランスに移住しようと思ってる。でも、まだ何も決まってないんだ。

▶quit　（仕事などを）やめる、断念する

例文 Frankie **quit** smoking for his health.

フランキーは健康のためにタバコをやめた。

▶ thin on the ground　少ない、まばらな

例文 Tourists are a bit **thin on the ground** at this time of year.

この時期は観光客がやや少ない。

▶**lend a hand**　**手を貸す、手伝う**

▶**if possible**　**できれば**

▶**cobble something together**　**～を急ごしらえする、つぎはぎする**

例文 I **cobbled a meal together** using some leftovers I had in the fridge.

冷蔵庫に入っていたありあわせの食材で、何とか食事を用意しました。

Scene 28 Culture Note

ビーンズオントーストはいかが？

ベイクドビーンズ（**baked beans**）はいんげん豆をトマトソースで煮込んだ料理で、缶詰（**tinned**）を使うのが一般的です。これがなぜイギリスの国民食のひとつなのかと、海外から来た人は首をかしげる傾向があります。

ベイクドビーンズは米国から輸入され、ロンドンの高級百貨店（**upmarket store**）フォートナム・アンド・メイソン（**Fortnum and Mason**）で1886年に初めて販売されました。高価な舶来品だったわけですが、1930年代になる頃には安いイギリスの定番料理（**staple food**）になりました。

（1941年から1948年の間、当時の食糧省はベイクドビーンズを必要不可欠な食品と位置付けていました。）

ベイクドビーンズの人気は今も衰えていません。その理由は、比較的安く栄養豊富で、いつでも食べられるからでしょう。

たとえば、

朝食：フライパン料理（**fry up**）に添えて
昼食：ジャケットポテト（**jacket potato**）にかけて
夕食：さまざまな主菜に合わせて
昼夜問わずいつでも：軽食として（注：イギリス人は常にナイフとフォークを使って食べます）

今も缶詰のベイクドビーンズを利用するイギリス人がほとんどですが、料理本やオンライン上では健康的なベイクドビーンズ（**healthy baked beans**）のレシピがたくさん掲載されています。また、オリジナルの豪華なベイクドビーンズ（**posh baked beans**）を提供するイギリスの高級レストラン（**upscale eateries**）もたくさんあります。

＊ベイクドビーンズは元々ネイティブアメリカンの料理で、ハインツの創業者H・J・ハインツがイギリスに缶詰のベイクドビーンズをもたらしました。

注：

tinned：「缶入りの」を意味するイギリス英語。アメリカ英語ではcanned。

Fortnum and Mason：フォートナム・アンド・メイソン。ロンドンのピカデリーにある高級百貨店で、英国王室の御用達。

staple：主要な、いつもの

staple food（主食、食卓に欠かせない食材）、staple crop（主要穀物、主食）

The potato is one of the UK's **staple foods**.

じゃがいもはイギリスの主食のひとつです。

jacket potato：ジャケットポテト

皮ごと焼いたベイクドポテトを指すイギリス英語。じゃがいもの皮をjacketと言うため、この名前があります。アメリカ英語ではbaked potatoと言います。

Do you fancy **a jacket potato** with baked beans for lunch?

ランチには、ジャケットポテトにベイクドビーンズを添えたのはいかが？

posh：（イギリス英語）洒落た、豪華な

安くて大衆的なベイクドビーンズは決してposhではないので、posh baked beansは少し冗談めかした表現。

Scene 29

October Part 2

TRACK 85 86 87

ハロウィンでびっくり！
A Halloween Surprise!

ハロウィンのイベント当日。ステラがバーカウンターにいると…。

Stella's Diary
>> October 31th Part 1

This evening, I helped out at the Halloween scary movie event. It was a lot of fun, and you'll never believe who I met there...

今夜、ハロウィンのホラー映画のイベントを手伝った。すごく楽しかったし、そこで思いがけない人に会った…

(Earlier that evening, Stella is helping out in the cinema bar...)

Stella: Next, please.

Sam: Can I get a beer?... And what's in the Witches' Brew?

Stella: It's mulled wine.

Sam: OK, I'll have one of those too, please, and two popcorns.

Stella: Okay... Oh, just a sec. I can't see a thing with this mask on. Let me just take it off. That's better... Oh, hi. Aren't you Max's owner?

(Stella and Sam recognise each other)

Sam: Yes, hello again. I didn't recognise you with that mask on. I, er, like your costume.

Stella: Yours too... Um, what are you supposed to be?

Sam: A matchstick. I know it's a bit naff, but I didn't have time to get a proper costume.

Stella: No. I like it. It's er, original — striking!

(Stella hands Sam the drinks)

Stella: There you go. That'll be £27.50, please.

Announcement: The show will start in five minutes. Please take your seats.

Sam: Thanks. Well, maybe see you later.

Stella: Yeah. Enjoy the show.

(その晩、少し前に映画館のバーカウンターでステラが手伝っている…)

ステラ: 次の方どうぞ。

サム: ビールください…それと、魔女の秘薬って何ですか？

ステラ: ホットワインです。

サム: じゃあ、それもひとつお願いします。あとポップコーン2つ。

ステラ: はい…あ、ちょっと待って。この仮面かぶったままじゃ何も見えないわ。ちょっと外します。これでよしと…あら、こんばんは。あなたはマックスの飼い主さんじゃないですか？

（ステラとサムが互いに気づく）

サム: あぁ、また会ったね。そのマスクをつけていたから誰かわからなかったよ。えっと、その衣装、いいね。

ステラ: あなたの衣装も…あの、それって何の仮装なの？

サム: マッチ棒だよ。ちょっとダサいのはわかってるんだけど、ちゃんとした衣装を用意する時間がなくて。

ステラ: あら、いいわよ。えっと、個性的で…目立ってるわ！

（ステラがサムにドリンクを渡す）

ステラ: はい、どうぞ。27ポンド50ペンスです。

アナウンス: 映画が5分後に始まります。お席にお着きください。

サム: ありがとう。じゃあ、また後で会えるかもね。

ステラ: えぇ、映画楽しんで。

Scene 29 重要表現 Words & Phrases

▶Can I get a...? （注文するときに）～をお願いします

▶mulled wine ホットワイン

香辛料とワインを温めたもので、イギリスでは冬によく飲まれています。

▶I can't see a thing. 何も見えない。

例文 **I can't see a thing**. The windscreen is all steamed up.

フロントガラス全体が曇っていて、何も見えません。

windscreen はイギリス英語で、アメリカ英語は windshield です。

▶be supposed to be ～の仮装をしているつもり

be supposed to be dressed asの省略形。

例文 **A**: Can you guess what I'**m supposed to be** dressed as?
僕、何の仮装をしているかわかる？

B: Urm, some kind of dinosaur? Or Godzilla?
う～んと、恐竜か何か？　それともゴジラ？

The party **is supposed to** start at 11 a.m.
パーティは午前11時に始まる予定です。

▶naff　趣味が悪い、格好悪い

▶proper　ちゃんとした、まともな

例文 I need to find a **proper** job.
ちゃんとした仕事に就かなければならない。

▶striking　目立つ、人目を引く

ここでは、サムがマッチの仮装をしているので、strike a match（マッチを擦って火をつける）と引っ掛けています。

▶That will be £27.50.　27ポンド50ペンスです。

Scene 29 Culture Note

イギリスのユーモア：語呂合わせ

イギリス人はユーモアのセンスがあると自負しています。一般的なのが駄洒落や語呂合わせです。ロンドンから北に150キロメートル離れた町レスターでは、駄洒落を競う「コメディフェスティバル」が毎年開催されているほどです。

2024年の優勝作品はKev Mudという名前の男性の"I was at a kid's party, they said, 'There's an ice cream man outside,' but by the time I got out there, he had melted."という駄洒落でした。

「子どもたちのパーティに参加していたら、子どもたちが言うんだ。『外に“アイスクリームマン”がいたんだけど、外に出たら溶けちゃってたよ』って」

＊ice cream manは、ワゴン車にアイスクリームを載せて通りで販売する人を指すイギリスの俗語。

イギリスでよく遭遇する典型的な駄洒落をいくつか紹介します。

シンプルな言葉遊びの例：

My uncle drives a bus that **circles Big Ben** in London.
He works **around the clock**.
わたしの叔父は、ロンドンのビッグベン周辺を巡回するバスの運転手です。だから、いつも時計のまわりで四六時中働いています。

Big Ben はイギリスの国会議事堂の時計塔の愛称で、circle Big Ben の「時計を回る」と around the clock という「無休の」「24 時間ぶっ通しで」という意味の慣用句を掛け合わせています。

自己卑下や自虐を伴うジョークの例：

A: What do you call an Englishman in the knockout stages of the World Cup?
ワールドカップでトーナメント戦に進出したイギリス人は何と呼ばれているでしょうか？

B: A referee.
レフリー。

インググランドはサッカー発祥の地であるにもかかわらず、代表チームがワールドカップではなかなか勝てないことを揶揄するジョークです。

ブレグジットなど、現在の政治・文化情勢を皮肉るジョークの例：

A: What did Britain say to its trade partners?
イギリスは貿易相手国に何て言ったのかな？

B: See EU later.
またね。

See EU と See you は発音が同じで、イギリスが欧州連合（EU）を離脱後に多くの貿易相手国を失ったことを皮肉るジョークです。

Scene 30
October Part 3

TRACK 88 89 90

ああ、妹さんだったの？

Oh, That's Your Sister?

映画が終わって、ステラは気になっている人と言葉を交わす。

Stella's Diary
>> October 31th Part 2

I chatted to Sam — that's his name apparently — after the film. It turns out he's single! The woman I met at his house wasn't his girlfriend, but his sister!!...

映画が終わってから、サム（これがどうやらあの人の名前みたい）とおしゃべりした。彼、シングルだった！　家を訪ねたときにいた人は彼女じゃなくて、妹だって！…

Scene 30 ダイアローグと訳 Dialogue & Translation

(Earlier that evening, at the Halloween event...)

Stella: Did you enjoy the film?

Sam: Yeah, it was all right. Urm, my sister just told me it was you who brought Max home...

Stella: Your sister?

Sam: Yeah, the one over there in the zombie costume.

Stella: Oh, that's your sister?

Sam: Yeah. I'm so sorry. I had no idea it was you who brought him back. She should have asked for your contact information.

Stella: No problem. It's fine... No need to apologise.

Sam: Urm, have you been working here long? I've never seen you here before.

Stella: I don't actually work here. I'm just helping out tonight. My flatmate, Tom, the one over there, runs the cinema.

Sam: Oh, he's your flatmate. I thought... urm, listen, could I take you out for dinner or something? I mean, to say thank you for saving Max. I'm Sam, by the way…

(その晩、少し前にハロウィンのイベントで…)

ステラ: 映画楽しかった？

サム: あぁ、よかったよ。あの、妹からさっき聞いたんだけど、マックスを連れて来てくれたの君だったんだって…

ステラ: 妹さん？

サム: そう、あそこにいるゾンビの衣装の子。

ステラ: あぁ、妹さんだったの…

サム: そうなんだ…ごめんね。君がマックスを連れ戻してくれたなんて知らなくて。妹が連絡先を聞いておけばよかったんだけど。

ステラ: 全然、だいじょうぶ…謝る必要なんてないわ。

サム: あの、ここで働いて長いの？　前に見かけたことなかったけど。

ステラ: ここで働いてるってわけじゃないの。今晩だけお手伝い。あそこにいるトムがわたしのフラットメイトで、映画館を運営してるの。

サム: なんだ、フラットメイトだったのか。僕はてっきり…ねぇ、ディナーか何か、ごちそうさせてもらえないかな？　何て言うか、マックスを助けてくれたお礼に。それはそうと、僕の名前はサム…

Scene 30 重要表現 Words & Phrases

▶all right　まぁまぁ、よい、悪い

イギリスでは、状況によっていろいろな意味で使われます。

▶the one over there…　あそこにいる、あの人

▶I have no idea　～だとはまったくわからない、知らない

例文 **I have no idea** what time it is.

何時か見当もつかない。

▶should have…　～すべきだった

否定形は shouldn't have で、～すべきではなかった

例文 I **should have** left earlier.

もっと早く出かけるべきだった。

I **shouldn't have** eaten so much cake.

ケーキをあんなにたくさん食べなければよかった。

▶contact information　電話番号やアドレスなどの連絡先

▸No need to apologise.　謝る必要はありません。

イギリス英語は apologise、アメリカ英語は apologize と綴りが異なります。

▸help out　（誰かの仕事を）手伝う

例文 I **helped out** in my parent's sweet shop last weekend.

先週末は、両親がやっている菓子店を手伝いました。

sweet shop はイギリス的な言い方で、アメリカでは candy store がよく使われます。

▸run　～を経営する

▸Could I take you out (for dinner)?　（夕食に）お誘いしてもいいでしょうか？

例文 **Could I take you out** sometime?

いつかデートにお誘いしてもいいでしょうか？

＊Could I … (for …)? は申し出を表し、Can I…? とほぼ同じですが、やわらかい感じになります。

▸I mean…　要するに、つまり

Scene 30 Culture Note

イギリスのハロウィンの起源

イギリスの最近のハロウィンは、薄気味悪い遊び（**spooky fun**）だらけです。お化け屋敷（**haunted house**）に、背筋も凍る（**spine-tingling**）ホラー映画（**horror flick**）の一気見（**binge watching**）、砂糖菓子（**sweet**）の大食いまで。でも、こうした習慣はどうやって始まったのでしょうか。

ハロウィンの起源は古代ケルト人（**Celtic**）の収穫祭「サウィン祭」（**Samhain**）にあります。夏の終わりと冬の始まりを告げるお祭りで、この時期は現世とあの世の境界が1年のうちで一番あいまいになると考えられていました。

その後8世紀になると、キリスト教の「万聖節（諸聖人の日）」（**All Saints' Day**）がサウィン祭の伝統行事の一部を取り込むようになりました。万聖節の前夜である「オール・ハロウズ・イブ」（**All Hallows' Eve**）が後に「ハロウィン」（**Halloween**）として知られるようになりました。

現在のハロウィンの習慣も、過去に起源があります。

パンプキン：昔は悪い霊を追い払う（**scare off**）ため、かぶ（**turnip**）を頭蓋骨の形にくりぬいて中にろうそくを灯していました。かぶの代わりにかぼちゃを使うようになったのは、アメリカに移住した人たちです。近年になってから、この風習がイギリスに伝わりました。（ちなみに、イギリス人はあまりかぼちゃを食べません。イギリスのかぼちゃは、ほとんどがハロウィン用です。）

トリックオアトリート：この風習がアメリカからイギリスに伝わったのも近年になってからですが、その起源は「ソウリング」（**souling**）と呼ばれる古い習慣のようです。これは、中世に子どもたちや貧しい人たちが家々を訪ねて「ソウルケーキ」（**soul cake**）と呼ばれるスパイシーなケーキをもらう習慣です。ケーキをもらった人たちはそのお礼に、ケーキを分け与えてくれた人たちのためにお祈りを捧げました。

仮装：ケルト人は悪い霊を追い払うために怖い顔のお面を被るなど、仮装をしていました。仮装パーティ（**fancy-dress party**）やおどろおどろしい仮装（**creepy costume**）をする現代のハロウィンは、こんなところから始まったようです。

horror flick: 古めかしい言い方ですが、今でもイギリスでよく使われます。

sweet：イギリス英語で、アメリカ英語では candy。飴だけでなく、チョコレートなども含みます。

Samhain: アイルランドやイギリス諸島で暮らしていたケルト人が、紀元前 500 年頃に 11 月 1 日に祝っていた収穫祭。

All Saints' Day: 聖人に祈りを捧げるために 11 月 1 日に行われたキリスト教の祭礼。

Scene 31 TRACK 91 92 93

November Part 1

突然のキャンセル：まったく最悪！

A Sudden Cancellation: That Really Takes the Biscuit!

ステラが出かけようとしていると、トムが何やら電話で話している。

Stella's Diary
>> November 10th Part 1

I was about to go out this evening when I noticed that Tom looked upset. Apparently, the band he had booked for the annual Christmas charity concert suddenly cancelled on him…

今日の夕方、出かけようとしたら、トムが慌てていた。どうやらクリスマス恒例のチャリティコンサートの出演が決まっていたバンドが急にキャンセルしてきたらしい…

(Earlier that evening at the flat, Stella hears Tom talking on the phone...)

Tom: *(on the phone)* You've got to be joking, mate. OK... Well, thanks a lot! *(ends call)*

Tom: *(mumbling)* Well, that really takes the biscuit...

Stella: Is everything all right, Tom?

Tom: The band I booked for the Christmas charity concert just cancelled...

Stella: Oh no!

Tom: ... Apparently, they knew a month ago that they couldn't play, but they forgot to tell me.

Stella: Wow, that's really annoying. What are you going to do?

Tom: Try and find another band, I guess. Do you know anyone?

Stella: Not really. But I can ask my friends — Oh, is that the time? I have to run. I'm meeting Sam tonight. But I promise I'll get on this later.

Tom: Thanks a lot, Stella. I appreciate it. Have a good evening...

（その晩、少し前にフラットで、ステラはトムがスマホで話しているのを聞く…）

トム: （電話で）おい、冗談だろ。あぁ…わかったよ、そりゃどうも！（電話を切る）

トム: （ぶつぶつつぶやくような声で）まったく、ひどいな…

ステラ: トム、どうかした？

トム: クリスマスのチャリティコンサートに出演が決まっていたバンドがキャンセルしたいって言ってきた…

ステラ：まさか！

トム：…1か月前には出演できないってわかってたみたいなんだけど、僕に言うのを忘れてたらしい。

ステラ：えぇ、それは迷惑な話ねぇ。それで、どうするの？

トム：別のバンドを探すかなぁ。誰か知らない？

ステラ：当てはないけど。でも、友達に聞いてみる…あ、もうこんな時間？　急いで行かなきゃ。今晩サムに会うの。でも、後でちゃんと聞いてみるから。

トム：ありがとう、ステラ。恩に着るよ。行ってらっしゃい…

Scene 31 重要表現 Words & Phrases

▶ take the biscuit **最低だ、ひどい**

アメリカ英語では take the cake と言います。

例文 You say he looked at your text messages? Wow, that just **takes the biscuit**.

彼がスマホのメッセージをのぞいたって？　そりゃ、ひどいな。

▶ You've got to be joking. **冗談だろ、嘘だろ。**

▶ mate **おい、相棒**

友人への呼びかけ。男性への呼びかけだけでなく、gender neutral な言い方です。

例文 **Mate**, are you all right?

おい、大丈夫か？

Cheers, **mate**.

ありがとね。

▶ Thanks a lot. **そりゃどうも、大きなお世話だ。**

ここでは皮肉として使われています。

▶ That's really annoying. **それはひどい。それは困ったわね。**

▸try and find　= try to find　探してみる

例文 I have to **try and find** a new place to live.
新しい部屋を探さないと。

▸Is that the time?　もうこんな時間？

例文 Goodness, **is that the time**? We'd better leave now or we'll miss our bus.
えぇ、もうこんな時間か？　もう出ないとバスに乗り遅れるぞ。

▸have to run　急がなければならない

▸get on　～に取りかかる

Scene 31 Culture Note

いらだちの表現

That takes the biscuit. は不快感を表す表現です。ほかにも、イギリス英語にはいらだちを表現するフレーズが多くあります。あなたはいくつ知っていますか？

1. at the end of my tether　我慢の限界にきている

I'm **at the end of my tether**.
もうこれ以上我慢できない。
アメリカ英語では end of rope と言います。

2. pissed off　うんざりしている

I'm totally **pissed off** with her for having kept me waiting for so long.
こんなに待たせるなんて、彼女にはすごく頭にくる。

3. cheese off　うんざりさせる／**cheesed off**　うんざりして

Honestly, her attitude really **cheesed me off**.
正直言って、彼女の態度に本当にいらいらしたよ。

I'm **cheesed off** with my boss. He always makes me work late.
まったく部長にはうんざりだ。いつも残業させる。

4. tosh　くだらない、くず

How can you believe such **tosh**?
そんなでたらめ、どうやったら信じられるの？

Absolute **tosh**!

まったくのでまかせじゃない！

5. poppycock　（古い言い方）たわごと、ばかげた話

That is complete **poppycock**!
そりゃ、たわごともいいところだ！

6. faff around　だらだらと時間を過ごす

Come on, stop **faffing around**. We have work to do!
ちょっと、だらだらしてないで。やらなきゃいけないことがあるでしょう！

7. gobby　大きな声で人の気に障るようなことを言う

He's really **gobby.**
あの人って、本当に耳障りね。

8. cheeky　生意気な、厚かましい（子どもに使うことが多い）

The kids in my class are extremely **cheeky**!
わたしのクラスの子たちって、ほんとに小生意気なの！

9. numpty　馬鹿（おどけて言うことが多い）

Why did you do such a silly thing, you **numpty**?
なんでそんなつまんないことしたの、お馬鹿さん？

10. Good riddance to bad rubbish　厄介払いできてせいせいした

A: Have your annoying neighbours finally moved out.
あの迷惑な隣人一家がついに引っ越した。

B: Yes, thank God! **Good riddance to bad rubbish**!
あぁ、助かった！　いなくなってせいせいしたよ！

Scene 32

November Part 2

TRACK 94 95 96

デートですてきなお店へ

A Nice Place for a Date

ステラはサムと初めてのデートでレストランへ。

Stella's Diary
>> November 10th Part 2

Sam took me to a really swanky restaurant near Carnaby Street. We talked about our jobs and stuff. He seems to be very successful, but you'd never know it. He's very unassuming...

サムがカーナビー通り近くのとってもすてきなレストランに連れて行ってくれた。仕事のこととか、いろいろ話した。あの人はすごく成功しているみたいだけど、全然そんなふうに見えないんだ。とても控えめな人…

Scene 32 ダイアローグと訳 Dialogue & Translation

(Earlier that evening, at a restaurant near Carnaby Street, London...)

Cloakroom attendant: May I take your coat?

Stella: Thank you. This is really nice place, isn't it? Do you come here often?

Sam: Um, I sometimes come here with clients.

Stella: Oh, what do you do?

Sam: I'm a music promoter.

Stella: Oh, really. That sounds exciting.

Sam: It probably sounds more exciting than it is. How about you?

Stella: I work in PR.

Sam: Well, that sounds very cool...

Stella: I'm sure it sounds way cooler than it is...

Host: Your table is ready. If you'd like to follow me...

（その晩、少し前にロンドン、カーナビー通り近くのレストランで…）

クローク係: コートをお預かりしましょうか？

ステラ: ありがとう。すごくいい所じゃない？ よく来るの？

サム: うーん、時々、クライアントとね。

ステラ: え、お仕事は何をしているの？

サム: 音楽プロモーターなんだ。

ステラ: え、そうなの。おもしろそうな仕事ね。

サム: 実際よりおもしろそうに聞こえるかもね。君のほうは？

ステラ: PRの仕事をしてるの。

サム: そりゃ、すごくカッコいいね…

ステラ: カッコよく聞こえるだけよ。実際は全然…

支配人: お席がご用意できました。ご案内いたします…

Scene 32 重要表現 Words & Phrases

▶swanky しゃれた、豪勢な

▶unassuming でしゃばらない、謙虚な

▶What do you do? どんな仕事をしていますか？

What do you do for a living? や What's your occupation? という言い方もあります。

▶sound more exciting than it is 実際よりおもしろそうに聞こえる

謙遜や気取りのなさを示すためによく使われるフレーズです。こうしたへりくだった表現は、イギリス英語でよく使われます。

▶work in ～の業界 / 分野で働く

「～社で働く、～氏のもとで働く」は work for、「～として働く」は work as を使います。

例文 A lot of my friends here **work for** small businesses and start-ups.
友達の多くは小企業やスタートアップで働いています。

▶way cooler than ～よりずっと

way better / cooler / more fashionable than... などの言い方をします。

例文 Her performance today was **way better than** last week.
彼女の今日のパフォーマンスは先週よりずっと良かった。

▶Your table is ready. お席の準備ができました。

▶If you'd like to follow me. ご案内します。こちらにお願いします。

相手に何かを丁寧に頼むときには If you could / would... を使いま

す。

例文 **If you could** take your shoes off.

靴を脱いでいただけますか？

If you would like to wait here.

ここでお待ちください。

Scene 32 Culture Note

へりくだった表現

イギリス人には皮肉っぽくへりくだる強い特徴があります。自画自賛したり（**blow one's own trumpet**）、ひけらかしたり（**show-off**）、自慢したりする（**boast**）と間違いなくひんしゅくを買います。

それよりも自分の個性をひけらかしたりせず（**downplay**）、自分や自分の功績についてはへりくだったり（**self-deprecation**）自虐的表現（**self-mockery**）、控えめの表現（**understatement**）を使ったりする傾向があります。

こうしたコミュニケーションに慣れているため、イギリス人は何も額面通り（**at face value**）には取らず、行間を読む（**read between the lines**）ことに長けています。

注：へりくだった表現は自分のことだけに使い、他人のことには使いません。そのため、相手が謙遜していてもそれに同意せず、惜しみなく褒め称えるのがよいマナーです。

例：

A: Congratulations on the publication of your new restaurant guide. I can imagine writing it involved a lot of work.
新しいレストランガイドの出版おめでとう。執筆は大変だったでしょう。

B: Yes, well, um, **it just gave me a good excuse** to try a lot of restaurants mainly.
えぇ、まぁ。たくさん食べ歩きするいい口実になったことだけは確かよ。

A: (laughs) Seriously though it's very useful. I'll certainly be recommending it to all my friends.
（笑）ほんとの話、とっても参考になるわ。友達全員に絶対おすすめするわね。

A: You're an actor on that soap opera? Wow, you must be really talented?
あのメロドラマに出演してるんですか？　わぁ、すごく才能豊かなんですね。

B: Er, **not really, I just got lucky**.
いえ、そうでもないです。ラッキーだっただけで。

A: I'm sure that's not true!
そんなことはないでしょう！

Scene 33
November Part 3

TRACK 97 98 99

何から何まで、一気にクリスマスらしくなってきた
Everything Feels So Christmassy Suddenly

ディナーの後、２人はカーナビー通りへ。

Stella's Diary
>> November 10th Part 3

After dinner, Sam and I went to look at the Christmas lights in Carnaby Street. We talked about our Christmas plans, and I told him about the charity concert...

ディナーの後、サムとカーナビー通りのクリスマスイルミネーションを見に行った。ふたりでクリスマスの計画を話し、わたしはサムにチャリティコンサートのことを話した…

Scene 33 ダイアローグと訳 Dialogue & Translation

(Earlier that evening, outside the restaurant...)

Sam: It's still quite early. Shall we head up to Carnaby Street and look at the lights?

(In Carnaby Street)

Stella: I love the decorations this year. Everything feels so Christmassy suddenly.

Sam: Christmas seems to start earlier every year. Have you made any plans for Christmas yet?

Stella: I'm going to my mum's on Christmas Day... On Christmas Eve, I've promised to help with the annual charity concert at the cinema.

Sam: Oh, I think I saw a post about that on social media. BEXT are playing, right?

Stella: Well, they were supposed to be playing, but they just dropped out.

Sam: That's a shame. They're really good.

Stella: Yeah. We're in a bit of a pickle... Um, I don't suppose you know any bands who might want to do a charity concert, on Christmas Eve, for free, do you?

Sam: I might do. What kind of band are you looking for?

(その晩、少し前にレストランの外で…)

サム: まだ早いから、カーナビー通りまで行ってイルミネーションを見ない？

(カーナビー通りで)

ステラ: 今年のイルミネーション、すてき。何から何まで、一気にクリスマスらしくなってきたわね。

サム: クリスマスが年々早くなってるような気がするよ。クリスマスの予定はもう決まった？

ステラ: クリスマスには、母のところに行くの…クリスマスイブは、映画館で毎年恒例のチャリティコンサートを手伝うって約束してる。

サム: あぁ、SNSでそのコンサートの投稿見た気がする。BEXTが出演するんだろ？

ステラ: そう、そのはずだったんだけど、キャンセルになって。

サム: それは残念だな。とてもいいバンドなのに。

ステラ: そうだ。ちょっと困ってて…あの、もしかして、クリスマスイブのチャリティコンサートにノーギャラで出演してくれるバンドなんて知らないよね？

サム: 心当たりあるかも。どんなバンドを探してるの？

Scene 33 重要表現 Words & Phrases

▶head (up) to　～に行く

▶Carnaby Street　カーナビー通り

ロンドンの有名なショッピングストリート。この通りのクリスマスイルミネーションがロンドンの冬の風物詩になっています。

▶Christmassy　クリスマスらしい

▶Have you made any plans for... ?　～の計画はもう立てましたか？

例文 **Have you made any plans for** the summer yet?

夏の計画はもう立てた？

▶drop out　キャンセルする、参加しない

例文 One of the players had to **drop out** of the competition due to injury.
選手の一人がけがのため、出場を断念せざるをえなくなりました。

▶That's a shame.　それは残念だ。

▶be in a pickle　困っている、窮地に立たされている

▶I don't suppose...　～していただけないでしょうね

ものを頼むときの丁寧な言い方です。

例文 **I don't suppose** you remembered to drop off my dry cleaning, did you?
ドライクリーニングにわたしの服を出すの、覚えてらっしゃいませんね？

▶I might do.　～かもしれない

I might. とも言いますが、イギリスでは I might do. が一般的です。

Scene 33 Culture Note

シェイクスピア由来の言葉や表現

ウィリアム・シェイクスピアが多くの演劇作品を生み出したことは有名ですが、シェイクスピアが作ったり初めて使ったりした言葉が1700以上あることはご存知ですか。**bedroom**（寝室）や **fashionable**（流行の、おしゃれな）、**gossip**（うわさ話）、**manager**（マネージャー）といった日常でよく使う言葉だけではありません。**in a pickle**（「酢漬けにされている」という表現で、「困っている」の意味）などのように、おもしろい慣用句やフレーズもあります。

以下は日常でよく使われる表現です。いくつ知っていますか？

break the ice : 知らない人ばかりの遠慮がちな雰囲気をほぐす

What would be the best way to **break the ice** at the beginning of the meeting?
会議の冒頭で堅苦しい雰囲気をほぐすのに一番いい方法って何でしょう？

not sleep a wink: 夜まばたきを1度もしていないという表現で、

一睡もしていないという意味
It's so hot. I couldn't **sleep a wink** last night.
すごく暑い。昨夜はまんじりともしなかった。

What's done is done: 済んだことは済んだこと、起きたことは変えられない

A: I still can't believe I broke your mother's antique vase.
君のお母さんのアンティークの花瓶を割ってしまったなんて、まだ信じられない。

B: Never mind. **What's done is done.** (It was pretty hideous anyway.)
気にしないで。済んだことだから。（どっちにしても、かなり見苦しい代物だったし。）

eat (somebody) out of house and home: house and home（家庭や家族の強調）から追い出すほど（よく）食べるという表現で、家計が傾くほど大食いするという意味（ユーモラスに使われることが多い）

A: Can I have some more beans on toast, grandma?
おばあちゃん、ビーンズオントーストもっとくれる？

B: More? You're going to **eat me out of house and home**!!
もっと？　おばあちゃんちの全財産が食いつぶされそうだね！

have seen better days: もっといい時代もあったが、今は古くて状態が悪い

A: This settee is pretty knackered, isn't it?
この長椅子ずいぶんくたびれたんじゃない？

B: Yes, it's definitely **seen better days**.
そうなの。ひどいおんぼろになっちゃった。

in (somebody's) heart of hearts: 内心では、本音では

A: Why did you break up with Rob?
ロブとどうして別れちゃったの？

B: Well, **in my heart of hearts** I knew he wasn't the one for me.
まぁ、心の奥底では彼じゃないなぁとはわかってたのよ。

have a heart of gold: 金の心があるという表現で、思いやりがあるという意味

A: Terry offered to bake some cupcakes for the charity raffle again this year.
テリーが今年もチャリティイベント用にカップケーキを焼いてくれるって。

B: Wow, he really does **have a heart of gold**.
わぁ。彼ってほんとに優しいのね。

charity raffle: 慈善活動のために番号がついたくじを販売し、当選した人に賞品などを提供するイベント。

vanish into thin air: thin air は虚空とか、何もないところを意味する表現で、vanish into thin air で跡形もなく消える、煙のように消えるの意味

A: What are you looking for?
何を探してるの？

B: My keys. They seem to have **vanished into thin air**.
鍵。跡形もなく消えちゃったみたいなんだ。

mum's the word: 内緒だよ、秘密にしてよ

A: Please make sure not to tell Lucille about the surprise party.
サプライズパーティのこと、ルシールには絶対言わないでよ。

B: Mum's the word!
内緒、内緒！

keep mum（黙っている）もよく使われます。

I think he knows the truth, but he's **keeping mum**!
あの人は本当のことを知っていると思うが何も言わない！

Scene 34

TRACK 100 101 102

December Part 1

クリスマスコンサート：君たちがいなければ、実現できなかった！

A Christmas Concert: We Couldn't Have Done It Without You!

クリスマスのチャリティコンサートが終わって…。

Stella's Diary
>> December 24th Part 1

The Christmas charity concert was a huge success. It was completely sold out, and the band Sam arranged for us were amazing...

クリスマスチャリティコンサートは大成功だった。コンサートはチケットが完売、サムが声を掛けてくれたバンドはすごくよかった…

Scene 34 ダイアローグと訳 Dialogue & Translation

(Earlier that evening, at the end of the Christmas charity concert...)

Tom: Well, that's it for tonight. But before we end I just want to say thank you to our incredible band Pop Extreme. I'm sure they're going to be massive soon...

Also, thank you to everyone who donated items for the charity auction. Thanks to you, we raised 5,000 pounds for our charity, Housing Action Notting Hill...

And, I want to thank all our amazing volunteers — We couldn't have done it without you...

And lastly, a big thank you to each and every one of you for coming out to support this great cause...

The bar will be open until 11p.m. for drinks, and we also have some smashing plant-based sausage rolls and mince pies, donated by Notting Hill Café. Thank you, Jake! All proceeds go to our charity. Thank you again, and have a great festive season!

(その晩、少し前に、クリスマスのチャリティコンサートの終わりに…)

トム: えええ、今日はこれで終了です。でも、その前に、今日すばらしい演奏を披露してくれた Pop Extreme にありがとうと言いたいです。近いうちにビッグになると、僕は確信しています…

それから、チャリティオークションに出品してくれた皆さんにも感謝です。皆さんのおかげで、ノッティングヒル住宅再生活動への寄付が5000ポンド集まりました…

それと、すばらしいボランティアの皆さんにも感謝します。君たちがいなければ、今日のコンサートは実現できなかったと思います…
そして最後になりましたが、この慈善活動のために今日足を運んでくれた皆さん一人ひとりに大きな感謝を贈りたいです…
バーカウンターは11時までドリンクを提供しています。また、ノッティングヒル・カフェが無償で提供してくれた、おいしいベジベースのソーセージロールやミンスパイもあります。ジェイクもありがとう！　収益金は全額、慈善活動に使います。本当にありがとう。それと、よい祝祭の季節をお迎えください！

Scene 34 重要表現 Words & Phrases

▶the band Sam arranged for us were amazing　サムが用意してくれたバンドはすごかった

the band が主語であれば、アメリカ英語では The band *was* amazing. となるのが普通ですが、イギリス英語では The band **were** amazing. とよく表現されます。これはアメリカで英語では band をひとつのまとまったグループととらえるのに対して、イギリス英語では band に個々のメンバーが集まった「複数の人たち」というイメージがあるからです。

▶That's it for tonight.　今晩はこれでおしまいです。

that's it for today（今日はこれでおしまいです）という言い方もします。

例文 OK team, **I think that's it for today**. You can all go home now.
さて、皆さん。今日はこれで終わりのようです。もう帰っていいですよ。

▶be going to be massive　人気が出る、ビッグになる

例文 I think this new product **is going to be really massive**.
この新商品、きっと大ヒットする。

▶raise money　資金を集める

▶**(We) couldn’t have done it without you.** **あなた（たち）がいなければ、できなかった。**

▶**big thank you** **～に大いに感謝する**
I’d like to say a big thank you to…の省略形。

▶**each and every one of (you)** **（皆さん）一人ひとり**
例文 The singer said he was grateful to **each and every one of** his fans.
その歌手は、ファンの皆さん一人ひとりに感謝します、と言った。

▶**come out to support this great cause** **この活動を支援するために出かける**

▶**smashing** **すばらしい、とびきりの**
例文 You look **smashing** in that suit.
そのスーツ、すごく決まってる。

▶**plant-based** **植物性食品だけでつくった**

▶**sausage roll** **ソーセージロール**
ソーセージをパイ生地で巻いて焼いたもの

▶**mince pie** **ミンスパイ**
ドライフルーツなどをパイに入れて焼いた甘いパイで、イギリスのクリスマスには欠かせない伝統的な菓子

▶**all proceeds go to…** **収益は全額～に寄付する、に使う**

▶**festive season** **祝祭の季節**
クリスマスから新年にかけての時期で、アメリカではholiday seasonですが、最近イギリスではこの言い方もよく聞きます。

Scene 34 Culture Note

クリスマスチャート１位をめぐる争い

イギリスのクリスマスでは、音楽が重要です。クリスマスが近くなると、今年はどの曲がクリスマスチャートの栄えある１位を取る（**grab the coveted top spot**）のかという話題で持ちきりになり、テレビコメンテーター（**TV pundit**）などもこぞって話題に加わります。

どの曲が１位になるかは予想もつかないため、この話題はいっそう興味をかき立てます。休暇ムードたっぷり（**festive**）でクリスマスらしい（**Christmassy**）曲のこともあれば、その時期にたまたまヒットしていた曲のこともあります。近年では、ちょっと風変わりな（**novelty**）曲やチャリティソング（**charity song**）が１位になりました。

2023年のクリスマスには、ワム！（**Wham!**）の「ラスト・クリスマス（**Last Christmas**）」がついにナンバー１に輝いて盛り上がりました。故ジョージ・マイケルがつくったこの曲は1984年にリリースされ、５回にわたってクリスマスチャートで惜しくも２位になっていました。

ジョージ・マイケルとワム！を結成していた、アンドリュー・リッジリーは英紙『ガーディアン』に対し、以下のコメントを出しています。

> "George would be beside himself [that] after all of these years, [we've] finally obtained Christmas No. 1. Yog (George) said that he wrote 'Last Christmas' with the intention of writing a Christmas No 1. It's mission accomplished!"
> 「クリスマスチャートでようやく１位を取ったとジョージが知ったら、狂喜（**beside himself**）しただろう。ヨグ（ジョージのこと）はクリスマスチャートで１位を獲るために『ラスト・クリスマス』を書いたって言っていた。ミッション達成だ！」

上の英文はwroteの後にwriting a Christmas No. 1とあって、動詞writeが重なっているように見えますが、writing a Christmas No. 1のwritingは「～を獲る、～を記録する」の意味で使われています。

grab the（coveted）top spot：（栄えある）１位を獲得する

Adele **grabbed the top spot** in the Album charts.
アデルはアルバムチャートで１位に輝いた。

TV pundit：テレビコメンテーター

TV pundit以外にfootball pundit（サッカー解説者）、political pundit（政

治評論家）のようにも使われます。

He is one of the most entertaining **football pundits** on TV!

テレビで活躍しているサッカー解説者の中でも、彼ほどおもしろい解説者はそうはいない。

festive / season / period：ホリデーシーズン、休暇の時期

There are always loads of Christmas specials on telly over the **festive period**.

休暇シーズンには、テレビでいつもクリスマスの特別番組がたくさん放送されている。

Christmassy song / atmosphere：クリスマスらしい曲／雰囲気

I enjoyed a **Christmassy** meal with my family.

家族と一緒にクリスマスらしい食事を楽しんだ。

novelty song / gift：風変りな曲／プレゼント

I bought some **novelty** gifts for my kid's Christmas stockings.

子どものクリスマス用靴下に詰めるのに、ちょっと変わったプレゼントを買った。

charity song / concert：チャリティソング／チャリティコンサート

Last year's Chrimbo no 1 was a **Charity** song.

去年のクリスマスチャート１位はチャリティソングだった。

Chrimbo はクリスマスを指す口語。

beside oneself：有頂天になる、喜ぶ

She was **beside herself** when she won the Nobel Prize in Physics.

彼女はノーベル物理学賞を取って狂喜乱舞した。

Scene 35 TRACK 103 104 105

December Part 2

コンサート終了後：上でココアでもいかが？

After the Concert: Would You Like to Come Upstairs for a Cocoa or Something?

コンサートの片付けが終わって…。

Stella's Diary
>> December 24th Part 2

After the concert, Sam and I helped Tom clean up. Honestly, Sam is so nice. I really like him a lot…

コンサートの後、サムと一緒にトムの後片付けを手伝った。素直に言えば、サムって本当にいい人。大好き…

Scene 35 ダイアローグと訳 Dialogue & Translation

(Earlier that night, in the cinema foyer, after the concert...)

Stella: I put the bins out, Tom. Do you need me do anything else?

Tom: No, everything else can wait till after Christmas. I'm just going to lock up, then I'm going to the after-party. Are you coming?

Stella: Um, I think I'll give it a miss. I'm a bit tired.

Sam: Yeah, me too.

Tom: OK. Well, thanks again so much for everything, Stella. You too Sam. The band were excellent.

Sam: You're very welcome, mate. Happy Christmas.

(Tom leaves)

Stella: Er, Sam, would you like to come upstairs for a cocoa or a drink, or something?

Sam: Sounds tempting, but I really should get back. Max needs a walk...

Stella: Oh, yes. Of course...

Sam: ...Unless you'd like to come with us — If you're not too knackered that is...

Stella: No, I'm still buzzing too much to sleep. I'll just go and get my coat...

(その晩、少し前、コンサート終了後に、映画館のロビーで…)

ステラ: トム、ゴミ箱は外に出したわ。ほかに何かやることある？

トム: いや、あとはクリスマスが終わってから片づければいいよ。僕は戸締りしてから、2次会に行くよ。君たちも来る？

ステラ: うーんと、やめておく。ちょっと疲れたから。

サム: あぁ、僕もだ。

トム: わかった。いや、何から何までありがとう、ステラ。サムもありがとう。バンド、すごくよかったよ。

サム: どういたしまして。ハッピークリスマス。

（トムが出ていく）

ステラ: ねぇ、サム、上でココアかお酒でもどう？

サム: そうしたいけど、もうほんとに戻らないと。マックスを散歩させなきゃいけなくて…

ステラ: あぁ、そうね。もちろん…

サム: …けど、君も一緒に来るなら話は別だよ…クタクタに疲れてなければ…だけど…

ステラ: ううん、まだ興奮が冷めてなくて眠れそうもないわ。ちょっと上着を取ってくるわね…

Scene 35 重要表現 Words & Phrases

▶ **bins　（屋外用の大きな）ゴミ箱**

正式名称は dustbin。アメリカ英語では、garbage can。
ゴミはイギリスでは rubbish、アメリカ英語では garbage、trash。

▶ **everything else can wait till [until, after]…　後は全部、～まで後回しでいい**

例文 **A**: Do I have to finish this report today?
このレポート、今日完成させないといけませんか？
B: No, **it can wait until** Monday.
いいえ、月曜日まででいいです。

▶ **lock up　戸締りする、カギを閉める**

▶ **after-party　2次会**

▶give something a miss　やめておく、～しないことにする

例文 **A**: Are you still coming to the pub tonight?

今晩、やっぱりあのパブに行く？

B: I think I'm going to have to **give it a miss**. I have a lot of work to do today.

やめておいたほうがいいと思う。今日はやることが山積みだから。

I **gave the party a miss**.

パーティに行くのはやめた。

▶cocoa　ココア

/kóʊkoʊ/と発音します。

▶a drink　お酒

▶Sounds tempting, but…　おもしろそうだけど、惹かれるけど

誰かの誘いをやんわりと断るときによく使われるフレーズ。

▶Unless you'd like to…　～でなければ～しませんか

遠慮がちに誰かを誘うときのフレーズ。unless you want to… と同じです。

例文 I was thinking of going home – **unless you want to** go to a club.

帰ろうと思ってた。でも、君がクラブに行きたいなら話はまた別だよ。

▶be knackered　クタクタで

物に対して使う場合には、ガタがきているという意味になります。

例文 My bicycle **is** completely **knackered**.

わたしの自転車は完全にダメになっています。

▶that is　（話し言葉）つまり～ということだけど

文末に添えて、前言を補足したり強調したりするときに使います。

例文 (That's a) nice car, **that is**.

あの車、ほんとにいい車だなぁ。

(He's a) good bloke, **he is**.

（彼は）いい奴だ、すごく。

▶be buzzing　興奮して、頭がいっぱいになって

We **were buzzing** for hours after the concert.

コンサートが終わっても何時間も興奮が冷めなかった。

Scene 35 Culture Note

イギリスのクリスマスイブの習慣

クリスマスイブの祝い方は家庭によって異なりますが、共通する習慣もあります。プレゼントをラッピングしたり（**wrap a present**）、クリスマスキャロルの合唱団に参加したり（**go carol singing**）、パブで旧交を温めたり（**meet old school friends at the pub**）、教会で真夜中のミサに参加したりします（**midnight mass**）。

家庭では、子どもたちがサンタクロース（**Father Christmas**）から贈り物をもらうために靴下（**stocking**）をベッドの端にぶら下げるのが一般的です（アメリカでは暖炉の周囲に靴下を掛けますが、イギリスでは違います）。朝起きると、こまごまとした贈り物（**pressie**）で靴下がいっぱいになっています。こうしたささやかなプレゼントは **stocking filler** と呼ばれています。また、クリスマスの頃に食べられる伝統的なイギリスのお菓子のシュガーマイス（**sugar mice**）やコイン型のチョコレート（**chocolate coin**）、みかん（**satsuma**）、ナッツ類が入っていることも多いです（大きなプレゼントはクリスマスツリーの下に置いて、クリスマスの朝に家族そろって開けます）。

イギリス国内には、夜中の12時になる1時間前に一番大きな鐘を4回鳴らし、12時を過ぎるとすべての鐘を鳴らす教会もあります。

＊イギリスの国教はキリスト教、正式には英国国教会（Anglican Church）で、教会の首長は国王です。一方で信教の自由が保障され、信仰を持たない権利も認められているため、イギリスは世界でも特に世俗主義が浸透している国（**secular society**）として知られています。このため、クリスマスを宗教行事としてではなく、宗教と無関係の世俗的行事として祝うイギリス人が大半を占めています。また、宗教と世俗的習慣が一体となった伝統行事として祝う人もいます。

Scene 36

TRACK 106 107 108

December Part 3

ホワイトクリスマスになりそう

It Looks Like It's Going to Be a White Christmas

イブの深夜。

Stella's Diary

>> December 24th Part 3

Sam and I took Max for a walk. It was one of those beautiful nights when the air is crisp and still, and it feels like there's magic in the air. I've got a feeling this is going to be the best Christmas ever!

サムと一緒にマックスを散歩に連れて行った。すてきな夜で、空気はすがすがしくしんとして、魔法の雰囲気が漂ってる。今までで最高のクリスマスになるって予感がした！

Scene 36 ダイアローグと訳 Dialogue & Translation

(Earlier that night, in the street...)

Stella: Brrr. It's got really cold suddenly.

Sam: Here, take my scarf.

Stella: Thanks. The lights look so pretty shining in the windows. I love Christmas Eve. It really feels like magic is in the air.

Sam: It does when I'm with you.

(They hear the sound of church bells in the distance)

Stella: Oh, church bells…

Sam: It must be midnight.

Stella: Oh, and it's snowing!

Sam: It looks like it's going to be a white Christmas. What are the odds! Happy Christmas, Stella.

Stella: Happy Christmas, Sam.

Max: Woof, woof…

(その晩、少し前に通りで…)

ステラ: うわぁ、急に寒くなったわ。

サム: ほら、僕のマフラー、するといいよ。

ステラ: ありがとう。窓の明かりがキラキラしてきれいねぇ。クリスマスイブって大好き。魔法がかかったみたい。

サム: そんな感じだね、君といると。

(遠くで教会の鐘の音が聞こえる)

ステラ: あ、教会の鐘が鳴ってる…

サム: ちょうど夜中の12時だね。

ステラ: あ、雪よ！

サム: ホワイトクリスマスになりそうだな。珍しい！　ハッピークリスマス、ステラ。

ステラ: ハッピークリスマス、サム。

マックス: ハフ、ハフ…

Scene 36 重要表現 Words & Phrases

▶ It's got really cold suddenly.　急に寒くなった。

イギリスでは It has gotten… の代わりに It has got… と言います。

例文 Pippa's health **has got** a lot better recently.
ピッパの健康状態はここのところすごくよくなっている。

▶ shining　キラキラ輝いて

▶ in the window　窓に

▶ in the air　～しそうな気配で、（雰囲気などが）漂って

例文 After years of war, it finally feels like change is **in the air**.
何年も戦争が続いた末に、ようやく情勢が変化しそうです。
The weather has suddenly got a lot warmer. It really feels like spring is **in the air**.
一気に暖かくなってきました。ほんとに春らしくなってきましたね。

▶ church bell(s)　教会の鐘

イギリスでは、クリスマスイブに礼拝を行う教会が多く、真夜中に鐘が鳴り響きます。

▶ What are the odds!　珍しいな！

例文 **A**: Wow! Daniella, I can't believe I bumped into you in Tokyo.
わあ、ダニエラじゃない。東京でばったり出くわすなんて、信じられない。
B: Yeah, **what are the odds** of us meeting by chance like this!
ほんと、こんなふうに偶然会えるなんて奇跡ね！

イギリスでは、クリスマスに雪が降ることは珍しく、雪が降るかどうか賭ける人もたくさんいてブックメーカーが例年、倍率を発表することになっています。

Scene 36 Culture Note

ラブ・アクチュアリー

イギリス英語やイギリスの文化について、もっと学びたい人にお勧めできる効果的な学習法は、イギリス映画を見ることです。なかでもお勧めなのが、クリスマスムードたっぷりの「ラブ・アクチュアリー」(**Love Actually**)。

脚本家リチャード・カーティスが2003年に監督したロマンティックコメディで、ヒュー・グラントやキーラ・ナイトレイ、エマ・トンプソン、ビル・ナイなど、イギリスを代表する俳優が勢ぞろいしています。

物語は、クリスマスが間近に迫るロンドンで8組のカップルが織りなす恋愛模様を追いかけています。やや時代遅れの面も多少ありますが、イギリスの言語と文化に触れられるすてきな作品です。

この映画はこんな語りで始まります。

"Whenever I get gloomy with the state of the world, I think about the arrivals gate at Heathrow Airport. General opinion's starting to make out that we live in a world of hatred and greed, but I don't see that. It seems to me that love is everywhere…

「周囲の状況にうんざりしたら、僕はヒースロー空港の到着ロビーをイメージする。『この世は憎しみと欲だらけ』なんて言われてるけど、僕はそうは思わない。いたるところに愛がある」

…Often, it's not particularly dignified or newsworthy, but it's always there – fathers and sons, mothers and daughters, husbands and wives, boyfriends, girlfriends, old friends…
…If you look for it, I've got a sneaky feeling love, actually… is all around.

…特別扱いされることも、ニュースになることも少ないけど、愛はいつもそこにある。父と子、母と娘、夫と妻、恋人たち、旧友たち…
…実際、探してみれば、愛はそこら中にあるって何となく思うんだ。

12・December

ナレーター紹介

ナレーターの略歴と主な役名を紹介します。姓のアルファベット順です。

Lynne Hobday (Anna, Jane, etc.)

スタンフォード出身の作詞家、訳詞家、ナレーター。多くの日本人アーティストの英語訳詞やオリジナル英語詞を手がけるほか、日本語の作詞にも手を広げている。アーティストとしても活躍中。

Emma Howard (Helen, Heather, Mika, Renu, Ami, etc.)

ロンドン・マウントビュー演劇学校で学び、ナショナル・シアターなどの舞台、テレビで活躍。その後日本に拠点を移し、テレビ、CM、映画、ナレーションと幅広い分野で活躍している。

Guy Perryman (Miguel, Tom, etc.)

ラジオパーソナリティ、DJ、ナレーター、声優、イベントプロデューサー、ライター。2017 年、日本でのイギリス音楽普及への貢献が認められ、MBE（大英帝国五等勲爵士）受勲。同年より The Guy Perryman Show のホストも務める。

Michael Rhys (Sam, James, Jake, Dan, etc.)

俳優、声優、ナレーター、作曲家。ビラリキー出身。1987 年に東京に拠点を移し、企業のボイスロゴや CM、イメージナレーション等の分野で長年にわたり活躍している。米国認定声優協会の会員でもある。

And **Nadia Mckechnie (Stella, Mei, etc.)**

〈著者紹介〉

ナディア・マケックニー (Nadia McKechnie)

イギリス・ロンドン出身。現在は東京在住。ライター、ナレーター。CMだけでなく、教育関連のナレーションも数多く担当。イギリスに関するコメンテーターとして、テレビ番組にもたびたび出演。著書は「〔ドラマ仕立て〕イギリス英語のリスニング」(研究社)、「もっとイギリス英語でしゃべりたい!」(共著、研究社)など13冊。コンテンツライター・編集者として、辞書やNHKのラジオ番組なども多数手がける。学習院大学のさくらアカデミーでは、イギリス英語やイギリス文化について楽しく学ぶコースを25年以上続けている。

ウェブサイトは www.nadiamckechnie.com

〈訳者紹介〉

滝野沢友理(たきのさわゆり)

慶應義塾大学文学部卒業。翻訳者、翻訳・英語学習書校正者。主な校正担当書に、柴田元幸編・訳・註『英文精読教室』全6巻、ブライアン・エヴンソン著、柴田元幸訳『英日バイリンガル　現代ゴシック小説の書き方』(研究社)など多数。青山ブックスクール「KOD(研究社オンライン辞書)を使った翻訳演習」11～12期修了。

高橋由香理(たかはしゆかり)

上智大学英文科卒業。翻訳者。現在は主にFinancial Timesの政治経済記事や、DIAMONDハーバード・ビジネス・レビュー誌のビジネス系論文の翻訳を担当。柴田元幸編・訳・註『英文精読教室』全6巻(研究社)をはじめ、英語学習書の校正にも従事。青山ブッククスクール「KOD(研究社オンライン辞書)を使った翻訳演習」13～14期修了。

〈カバー・本文イラスト〉

森野七緒子(もりのなおこ)

イラストレーター。主に知育・子供向けや一般ビジネス向けの絵を提供しており、漫画の心得もあるので数々の企業紹介やイベント告知漫画を手がけ活動中。

ウェブサイトは、「七緒子イラストオフィス」(www.naokoillust.com)

編集協力

近藤千明

組版・レイアウト

古正佳緒里・山本太平

音声録音

英語教育協議会(ELEC)

音声編集

左右田勇志

〔ドラマ仕立《じた》て〕イギリス英語《えいご》で会話《かいわ》したい

イギリスの生活《せいかつ》と文化《ぶんか》がすべてわかる！

● 2025 年 4 月 30 日　初版発行 ●

● 著者 ●

ナディア・マケックニー（Nadia McKechnie）

● 訳者 ●

滝野沢友理《たきのさわゆり》・高橋由香理《たかはしゆかり》

発行者 ● 吉田尚志

発行所 ● 株式会社　研究社

〒 102-8152　東京都千代田区富士見 2-11-3

電話　営業 03-3288-7777（代）　編集 03-3288-7711（代）

振替　00150-9-26710

https://www.kenkyusha.co.jp/

KENKYUSHA

装丁 ● 久保和正

組版・レイアウト ● 渾天堂

印刷所 ● TOPPAN クロレ株式会社

ISBN 978-4-327-44125-8 C1082　Printed in Japan